Leopold Kretzenbacher

Sterbekerze und Palmzweig-Ritual beim „Marientod“

ÖSTERREICHISCHE AKADEMIE DER WISSENSCHAFTEN
PHILOSOPHISCH-HISTORISCHE KLASSE
SITZUNGSBERICHTE, 667. BAND

Leopold Kretzenbacher

STERBEKERZE UND PALMZWEIG-RITUAL BEIM „MARIENTOD“

Zum Apokryphen in Wort und Bild bei der κοίμησις, dormitio, assumptio der Gottesmutter zwischen Byzanz und dem mittelalterlichen Westen

VERLAG
DER ÖSTERREICHISCHEN AKADEMIE DER WISSENSCHAFTEN
WIEN 1999

Vorgelegt von k. M. LEOPOLD KRETZENBACHER
in der Sitzung am 11. Dezember 1998

ISBN 3-7001-2846-0

Gesamtherstellung: Weitzer & Partner GmbH, Graz

Wer von der „Vergleichenden Volkskunde“ her sich in kulturhistorischen Ansätzen bemüht, auch klein erscheinenden Einzelmotiven in der religiösen Thematik nachzugehen, um sie in eine erstrebenswerte *Ethnologia Europaea* einzubringen, wird oft überrascht sein vom Sinngehalt solcher – allzuoft übersehener – *signa, symbola* der Bilderwelt nicht nur, aber besonders oft in der „kündenden Kunst“ des Mittelalters. Ihre „Kleinheit“ wird verwechselt mit „Bedeutungslosigkeit“. Gelegentlich aber werden sie als vermeintlich „folkloristisches Beiwerk“ überhaupt verkannt. Dabei erweisen sie sich bei genauerer Beachtung ihres Wort- oder Bild-Umgrundes, „Kontextes“ mitunter als Zeugnisse einst hellen Geistes in einem – heute freilich fast ganz verlorenen – „Legenden-Wissen“.[1] Auch vermögen sie manchmal sehr deutlich ihre Funktion im „Heilsgeschehen“ aufzuzeigen.[2] Man ist erstaunt, wenn selbst kleine *signa* ihre Bedeutung über das unmittelbar „Verstehbare“ hinaus dadurch erlangen, daß sie für den Kenner ihren theologischen Kontext aus der Hagiographie wie aus den literarischen Zeugnissen ferner Zeiten aufscheinen lassen.

Solch eine Motivengruppe, von mir jahrzehntelang erwandert zwischen Istrien und Zypern, zwischen Adria und Schwarzem Meer, betrifft zum Beispiel auch Sterbekerze und Palmzweig-Ritual auf den Bildern des „Marientodes“ als der griechischen κοίμησις wie der lateinischen *dormitio, assumptio* als „Mariä Himmelfahrt“. Diese ist ja erst 1950 und nur in der römisch-katholischen Kirche als „verbindlicher Glaubenssatz“, als Dogma von der „Leiblichen Aufnahme Mariens in den Himmel“ verkündet worden. Sie ist also erst in der Mitte des 20. Jahrhunderts stärker wieder in das Kirchen- und Kulturgeschichtsbewußtsein getreten. Auch das übrigens nach erstaunlich langem „Vor-Leben“ in der sogenannten „Volksfrömmigkeit" des östlichen wie des westlichen Christentums.

Insbesondere in Südosteuropa habe ich mir auch dieses Bild- und Erzählthema erwandert. Ich habe es nach Text und Sinn von mir vertrauenswürdig erscheinenden Gewährsleuten abgefragt, oft im Lichtbild aufgenommen. Dazu trat – wie immer – auch das Studium einschlägiger Literatur der Orthodoxie wie des mittelalterlich-lateinischen Westens und ihrer Widerspiegelungen in den volkssprachlichen Nachdichtungen. So war es mir seit meinen Athos-Wanderungen in den fünfziger wie in den sechziger Jahren immer wieder ergangen. Dies aber nicht nur im Bereich der südosteuropäischen byzantinisch-griechischen oder der von Byzanz kommenden slawischen, rumänischen oder albanischen Orthodoxie. Ähnlich geht es mir auch in der Schau auf geistlich „kündende" Kunstwerke unseres Abendlandes im hohen wie besonders oft in seinem „noch Legenden wissenden" Spätmittelalter.

Was ich zum Teil aus meinen vier ausgedehnten, wochenlangen Fußwanderungen über die Mönchsrepublik vom „Heiligen Berge Athos" kannte, das hat mir die große (und gewiß auch großartige!) Ausstellung der „Schätze des Heiligen Berges"[3] zu Saloniki als der „Kulturhauptstadt Europas 1997" in Fülle gezeigt.

Unter den Athos-Ikonen der κοίμησις fiel mir eine mit 1546 datierte (auf Holz, 54 × 38 cm) besonders auf.[4] Die Gottesmutter ruht mit gekreuzten Händen auf einem Prunkbette aus. Überdeutlich betont steht in der Mitte des Vordergrundes ein Leuchter (κηροπήγιο) mit einer rot brennenden Kerze. Hinter dem Sterbebette erhebt sich Christus. Sein Haupt ist von einem Kreuznimbus umstrahlt. Rund um ihn sind vier Flügelengel, allerdings in dunkelblauer Einfärbigkeit gemalt. Über Christi Haupt und damit noch unter der Himmelsweite mit ihrem offenen Tor schwebt ein „Sechsflügler" (ἑξαπτέρυγο), wie wir ihn aus der Johannes-Apokalypse (4,8) als Lebewesen kennen. Jesus hält die „Seele" seiner Mutter als „Fatschkind" (εἴδωλον, *animula*) in seinen von einem *velum* wie in Ehrfurcht nach byzantinischer Auffassung verhüllten Händen zur „Aufnahme" bereit. Als „Zeugen" des „Entschlafens der Gottesmutter" schwingt Petrus an ihrem Kopfende ein Rauchfaß rechts im Bilde. Links neigt sich Paulus in der προσκύνησις als Verehrungsgebärde mit grüßender Rechter zu Mariens Füßen. Im Hintergrunde befinden sich neben weiteren Aposteln drei mit dem *pallium* geschmückte Hierarchen. Sie werden gedeutet als der hl. Dionysios Areopagites, der hl. Jacobus ἀδελφόθεος, also als der „Bruder des Herrn“ nach Matth 12,55. Zwei weitere Hierarchen halten *codices* aufgeschlagen in ihren Händen. Sie lesen wohl die liturgisch-rituellen „Sterbegebete“.

Weitere Ikonen der κοίμησις stammen 1997 aus dem Athos-Kloster Pantokratoros. Eine aus dem 16. Jahrhundert zeigt die Entschlafene mit Christus, mit den Aposteln, mit einer Vielzahl von Flügelengeln und einem Cherub in einem Kreisrund über den Mauern der Stadt Jerusalem.

Weitere κοίμησις-Darstellungen jener Ausstellung 1997 zu Saloniki stammen aus dem Athos-Monasterion Pantokratoros. Auf einer mit der Entschlafenen inmitten von Christus, den Aposteln und einer Vielzahl von Flügelengeln und wiederum einem Cherub über dem Haupte Christi, insgesamt in einem Kreisrund über den Mauern der Stadt Jerusalem, tritt – was selten ist – neben den Kerzenständer aus fast schon „barock“ geformtem Golde jene Szene eines versuchten Frevels gegen den Leichnam der (hier schon zum Grabe geleiteten) Gottesmutter durch einen jüdischen Hohenpriester. Von diesem sehr gerne erzählten Insult wird noch die Rede sein. Diese Ikone wird dem 16. Jahrhundert als Entstehungszeit zugeordnet. So auch eine aus dem gleichen Monasterion Pantokratoros als letzte in einer zwölfteiligen Bilderreihe mit Szenen aus der Christus-Passion, seiner Auferstehung, des Pfingstwunders wie des Marienlebens. Eine weitere Ikone des Entschlafens der Panagia, die sich im Protaton, dem Zentrum der Mönchsregierung im Dorfe Karyes befindet, wird mit 1611 datiert.[5] Auf dem Heimweg von der mehrmals besuchten Ausstellung zu Saloniki konnte ich in der Hagia-Sophia-Kirche zu Saloniki auf der „Frauenseite“ ein blumenbekränztes Wandbild (etwa 100 × 80 cm HF) aufnehmen, das die κοίμησις (ohne das Frevel-Motiv) mit einer in einem großen Glasständer steckenden weißen, ebenfalls brennenden Kerze zeigt, farbig aufnehmen. Diese Ikone ist – wenngleich dem „alten Stil“ entsprechend – doch wohl erst in unserem 20. Jahrhundert gemalt worden. (Abb. 1)

Es wäre müßig, hier noch eine Fülle von Beispielen anzuführen, die in der Fachliteratur schon mit oder ohne Bildbeigabe veröffentlicht sind. Hatte sich doch bereits zu Beginn unseres 20. Jahrhunderts die russische Ikonographie-Forschung der Athos-Denkmäler und dabei auch der κοίμησις-, russ. *Uspenie bogorodicy*-Wandmalereien angenommen.[6] Als m. W. letztveröffentlichtes Bild unseres Themas darf die russische Ikone der „Gottesmutter vom Don" gelten. Sie war um 1392 entstanden.[7] Quer im Bilde liegt die Entschlafene auf einem hellen Bett-Tuche. Die Gestalten der Apostel und zweier Pallium-Träger trauern an Kopfende und am Fußende des Sterbebettes. Steil aufgerichtet, fast starr hält Christus die Seele seiner Mutter wieder als Fatschkind in seinen Händen. Im Vordergrunde brennt eine große Sterbekerze, so daß die Szenerie einem Kreuze gleicht. Diese Ikone in der Tretjakow-Galerie zu Moskau gilt als ein Beispiel für die „hervorragende und eigenartige Gruppe von Denkmälern im internationalen Stil". Sie wird im Stilistischen verglichen mit Illustrationen des Kiewer Psalters von 1397, dem sogenannten „Evangeliar von Sarajsk" in der Russischen Staatsbibliothek zu Moskau, datiert mit 1401; dazu mit den Fresken der „Mariä-Entschlafens-Kirche" auf dem Wolotowo-Felde in der Nähe von Nowgorod, gemalt um 1390.

Es ist nun gewiß so, daß diese „einfache" Darstellung des Marientodes mit nur einer Kerze vor der Entschlafenen und mit Christus als dem, der ihre Seele mit sich in der *assumptio*[8] emporzutragen bereit ist, zahlenmäßig weit hinter einer anderen, „erzählerisch" viel breiter angelegten Szenerie zurückbleibt; daß diese fast nur begrenzt ist auf Ikonen, aufgelegt zumeist auf dem besonderen Pulte (προσκυνητήριον) in der kirchlichen Betraum-Mitte, zumal eben am 15. VIII. Dieser Tag ist ja als Feiertag ganz besonders benannt als Ἡ κοίμησις τῆς Ὑπεραγίας Θεοτόκου, im Serbischen als *Uspenije Presvete Bogorodice* (Aufnahme der Hochheiligen Gottesmutter) oder auch einfacher als *Velika Gospojina* entsprechend unserem alpinen „Großen Frauentag".

Viel größer an Zahlen, und das besonders bei den so sehr beliebten Wandmalereien auf dem Mauerbogen, der den Hauptraum einer orthodoxen Kirche abschließt und sich gegenüber der *Ikonostasis*-Bilderwand vor dem „nicht zugänglichen Altarraum" (τὸ ἅγιον βῆμα) sehr oft als Fresko darbietet, ist die „Marientod"-Szene mit jenem versuchten „Frevel" eines gehässigen, hochgestellten jüdischen Angreifers gegen den Leichnam der Gottesmutter freskiert, wenn sie von den Jüngern Christi zum Begräbnis im Tal Josaphat getragen wird.

Das ist – wie alles Erzählte um den „Marientod", über den die „kanonischen" Schriften der christlichen Kirche überhaupt kein

Wort enthalten – apokryphen Ursprungs. Der aber hatte, bereits in frühchristlicher Zeit weitum zunächst sprachlich gestaltet, Verbreitung als gerne aufgenommenes Legenden-Wissen in vielen Sprachen und Textfiliationen gewonnen.[9] Das lateinisch geprägte mittelalterliche Abendland hat die fast siebenhundert Jahre zuvor auch griechisch gefaßte Frevel-Episode vor allem so im Gedächtnis behalten, wie sie die weitestverbreitete Legendensammlung des ganzen Abendlandes, die *Legenda aurea* des Ordensmannes und Erzbischofs von Genua, Jacobus de Voragine († 1298), darbietet. (Cap. CXIX[10]). Als solche ist sie den Homilien des Johannes von Damaskus (um 650 bis um 750) entnommen. Hier möge die in sehr schönes „Legenden-Deutsch" übertragene Stelle daraus bei Richard Benz[11] genügen:

... darnach ward der heilige Leib in ein rein Tuch gelegt und auf die Bahre gebreitet; um ihn brannten die Lampen, dufteten die Salben, tönte Engelsgesang. Dann ward die Arche des Herrn auf die heiligen Schultern der Apostel gesetzt, und dieweil sie mit den anderen Heiligen, die dabei waren, himmlische Weisen sangen, trugen sie den Leichnam zu der heiligen Stätte Gethsemane; Engel zogen voran und hinterdrein oder hüllten den heiligen Leib; die ganze Gemeinde aber gab das Geleit. Es waren auch etliche Juden da, halsstarrig in der Bosheit und man erzählt, da der Zug mit der Mutter Gottes vom Berge herab kam, daß ein Jude, des Teufels Werkzeug, mit grimmigem Ansturm auf den heiligen Leichnam sich stürzte, den Engel nicht wagten anzurühren, und griff mit beiden Händen das Bett als ein Rasender und zerrte es nieder zur Erde. Da wurden seine Hände dürr wie Holz, als man schreibt, und fielen zur Erde nieder, und blieben starr als ein unnützer Stumpf; aber da kam Glaube in sein Herz, und er bereute seine Missetat mit großem Seufzen. Die, so die Bahre trugen, stunden still, bis der Elende mit seiner Hand hatte berührt, und damit seine vorige Gesundheit wieder gewann ...

Hier aber fehlt erstaunlicherweise etwas; ein Sondermotiv, das sehr eng in die breite Überlieferung von κοίμησις und Grabgeleit der Entschlafenen verwoben ist: das Palmzweig-Ritual. Es soll aber hier vermerkt werden, daß bei vielen Insult-Darstellungen ein weiteres und sehr beliebtes Zusatzmotiv noch eingebaut ist: nicht nur daß die frevelnden Hände des vor Schmerzen laut aufschreienden jüdischen Insult-Wagenden dürr an der Bahre Mariens haften. Es kommt noch ein Flügelengel hinzu, der mit seinem Schwerte dem Frevler diese Hände abhaut. Das gab bis in unser Jahrhundert herein Anlaß, diese Szene ganz anders, als sie in der Apokryphe angelegt ist, nach einer Art Ikonotropie zu deuten.[12]

Alle erzählerischen Berichte und viele der nachmaligen Bildgestaltungen gehen also im Grunde auf eine einzige Quelle, wenn auch mit mehreren und keineswegs unbedeutenden Varianten, zurück. Auf sie, die bei „Widersprüchen" zwischen ihnen, „nicht wörtlich genommen, sondern als symbolisch und erbaulich verstanden ..., als Werke, die für das einfache Volk und die Volksfrömmigkeit geschrieben wurden"[13], greift letztlich auch die Rom-Kirche unter Papst Pius XII. (P. M. 1939–1958) zurück. Er hat in seine *Bulla dogmatica „Munificentissimus Deus"* vom 1. XI. 1950 nach breiten Vor-Abfragungen im gesamten Episkopat 1946 als Glaubenssatz (Dogma) festgesetzt, daß „Die unbefleckte, immerwährend jungfräuliche Gottesmutter Maria ..., nachdem sie ihren irdischen Lebenslauf vollendet hatte, mit Leib und Seele in die himmlische Herrlichkeit aufgenommen worden" ist. Die Meinungsverschiedenheiten vor und nach der Verkündigung dieses Glaubenssatzes, und das nicht nur zwischen katholischen und protestantischen Theologen, sondern auch innerkirchlich, gingen lange. So war es wohl besondere Absicht, daß auch noch das Zweite Vaticanum (1963–1968) in seiner dogmatischen Konstitution über die „Kirche (Cap. VIII 59) ausdrücklich diesen *transitus Mariae*, der im Bereich der Orthodoxie, die aber kein Dogma daraus ergehen ließ, mit der (auch für Christus geltenden) Bezeichnung μετάστασις benannt ist, sehr genau der Formulierung von 1950 mit diesen Worten folgte: ... *expleto terrestris vitae cursu, corpore et anima ad caelestam gloriam assumpta est.*[14]

Die also apokryphe Textgrundlage für die κοίμησις, μετάστασις, den *transitus Mariae* bildet ein *Liber de transitu Mariae*, der zu Ende des 4., vielleicht erst im Laufe des 5. Jahrhunderts entstanden ist. Er war in zwei lateinischen und auch in mehreren griechischen Fassungen von fünf Handschriften, deren älteste allerdings erst aus dem 11. Jahrhundert, auf uns gekommen.[15] Die beiden lateinischen Versionen hat bereits der Exeget und Apokryphenforscher Constantin von Tischendorf (1815–1874) im Jahre 1866 veröffentlicht.[16] Aus ihnen entnehmen wir hier nur jene Stellen, die sich auf das im Titel dieses Aufsatzes besonders angesprochene Palmzweig-Ritual beziehen. Das führt uns nämlich zu recht eigenartigen „bilderzählerischen", eben nur von den Apokryphen her „verständlichen" Motiven auf religiösen Kunstwerken des lateinisch geprägten Hoch- wie noch des abendländischen Spätmittelalters. Denn in der Fassung A des *Transitus Mariae* bittet die Gottesmutter selbst ihren Sohn, er möge ihr drei Tage vor ihrem Hinscheiden dies verkünden: ... *quando anima mea de corpore exierit, tertio die ante facias me scire* ... Im zweiten Jahre nach Seiner, Christi Himmelfahrt kommt der Engel am dritten Tage vor ihrem *transitus*. Er grüßt die Betende und übergibt ihr einen – offenbar als *signum* der κοίμησις, μετάστασις versprochenen Palmzweig: laut Fassung B: *Ecce, inquit, ramum palmae; de paradiso domini tibi attuli; quem portare facies ante feretrum tuum, cum in die tertia assumpta fueris de corpore.* A begnügt sich mit den Worten: *Illa vero cum magno gaudio gratias deo referens accepit palmam sibi missam de manu angeli.* Immerhin bleibt zu vermerken, daß hier in der Apokryphe Maria selber den Palmzweig „aus dem Paradiese" in ihre Hand nimmt. Das verhält sich im sonst gleichen Ankündigungs-Ritual etwa in der *Maestà* des Meisters Duccio di Buoninsegna zu Siena um das Jahr 1308 anders. Den Palmzweig trägt dort nur der Engel in der (Todes-)Verkündigung und nach ihm Johannes, der Lieblingsjünger und ihr „Sohn" (Joh 19,26f.) beim Begräbnis (s. unten S. 16f.).

Alle Apostel, ausgenommen Thomas, kommen am Vorabend des Marientodes „in höchster Eile" *per miraculum* zu ihr. Maria bekennt ein, daß sie darum ihren Sohn selber gebeten hatte, *ut ipse et vos essetis ad obitum meum* (A). Nach B war der Verkünd-Engel *cum magno splendore* geschieden. Aber die Palme leuchtete besonders hell: *Palma autem illa fulgebat nimia luce.* Nach B ruft Maria den hl. Johannes in ihr „innerstes Wohngemach" (*in secretarium domus*). Sie zeigt ihm „das Gewand für das Begräbnis und dazu jene Palme des Lichtes", die er tragen solle bei ihrem Gang zum Grabe: *et ostendit ei vestimentum sepulturae suae et palmam illam luminis, quam acceperat ab angelo, monens eum ut illam faceret ferri ante lectum suum cum iret ad monumentum.* Die Version A läßt dabei schon jenen Insult des Frevlers, hier mit Namen Ruben, folgen: *Sed venientes media via, ecce quidem Judaeus, Ruben nomine, sanctum volens feretrum in terra iactare cum corpore beatae Mariae.* Er bekehrt sich nach dem Strafwunder auf das Fürbittegebet der Apostel hin; er „dankt, küßt die Füße der Königin aller Heiligen und der Apostel und ist auf der Stelle getauft worden". Die Fassung B aber greift hier weiter aus. Maria bittet um einen guten Tod. Dann sehen die Apostel ihre Seele in überirdischem Glanze: *Viderunt autem Apostoli animam eius tanti candoris esse ut nulla morta-*

lium lingua possit effari: vincebat enim omnem candorem nivis et universi metalli radiantis magna luminis claritate. Solchem „Glanze" im Augenblick des Marientodes kann eine Malerei freilich kaum gerecht werden, wenn sie nur die eine einzige Sterbekerze vor der Entschlafenen brennen läßt.

Dennoch gibt es bis in unser Jahrhundert sehr lebendige Darstellungen dieser Szene. In einem sehr weit in den Bergen der Ost-Peloponnes abgelegenen kleinen Gotteshause, dessen Türen und Fenster wohl von einem sehr heftigen Sturm zertrümmert offenstanden, lag vor der gleichfalls geborstenen Bilderwand eine kleine, auf Holz gemalte, sehr verschmutzte Ikone auf dem Fußboden. Vorsichtig konnte ich sie reinigen. Da staunte ich über die Farbenfreude eines Malers wohl aus dem 19. Jahrhundert. Der hatte die Aufnahme Mariens als εἴδωλον durch Jesus selber verbunden mit dem im viel größeren unteren Bildteile realistisch geschilderten Treiben um die Bahre der Entschlafenen mit dem an ihr versuchten Frevel. (Abb. 2)

In einer Art goldener Mandorla steht Christus aufrecht in rotem Gewande mit blauem Mantelüberwurf: Seine Linke hält die *animula Mariae* als Fatschkind. Sein Haupt ist wie das ihre durch eine Silbermetallauflage vom Glorienschein umstrahlt. Auch Christi Rechte trägt in ihrem Segensgestus einen Silberbeschlag, der weiß im Bilde leuchtend nach oben weist zur „Aufnahme" der auf dem hellrot verhangenen Prunkbett als Bahre liegenden Gottesmutter. Auch ihr Haupt ist von einem Silberbeschlag hell umstrahlt so wie auch die über ihrer Brust im Tode überkreuzten Hände solcherart hervorgehoben sind.

Neben und unter dieser Gruppe der himmelwärts Schwebenden drängen sich zwölf bärtige Apostel. Also übersah der Maler oder wollte es nicht betonen, daß der Apostel Thomas beim Marienbegräbnis nicht oder – vereinzelt in den Apokryphen – nur sehr entfernt dabei war. Die Apostel neigen sich mit traurigen Gesichtern der Entschlafenen zu. Vor dieser Bahre vollzieht sich eben die apokryphe Szene jenes versuchten Frevels an der zu Grabe getragenen Gottesmutter. Ein „jüdischer Hohepriester", dem in den Apokryphen nur selten der Name Jephonias oder Ruben gegeben wird, hatte seine beiden Hände in das weiße Leichentuch unter der Entschlafenen gekrallt. Aber dort hat sie ein jugendlich erscheinender Flügelengel in blauem Gewande mit einem Schwerthieb seiner

Rechten so abgeschlagen, daß sie blutend am Bahrtuch hängen blieben. Der also Gestrafte in dunkelrotem Langkleid ist vor der Bahre mit offenem Munde, wohl „schreiend" also, niedergesunken. Die Linke des Engels hat den nackten Armstumpf des Frevlers gepackt. Der liegt vor einer auf großem Ständer brennenden Kerze, die solcherart ja nicht „während des Begräbnisses" am Platz ist.

Wenn sich die Version A auch beim Begräbnis – also nach dem Frevel – damit begnügt, in nur einem Satze zu berichten, daß „Licht vom Himmel die Grabstätte überflutete und ebenso die zur Erde Stürzenden (die Apostel)" und die Bemerkung einflicht, es „wurde der heilige Leichnam von den Engeln in den Himmel aufgenommen" (*Et subito circumfulsit eos lux de celo, et cadentes in terram, corpus sanctum ab angelis in celum est assumptum*), so greift die Fassung B wesentlich weiter aus. Sie betont ihrerseits die Lichterscheinungen als das Mirakulose der Beisetzung in heller Wolke und im Glanz wie ein Ring um den Mond: *Apparuit nubes super feretrum magna valde, sicut apparere solet magnus circulus iuxta splendorem lunae.* Das „himmlische Engelsheer" singt in den Wolken den „Sang der Süße", und die Erde widerhallte davon. Darüber verwunderte sich das Volk, „ungefähr fünftausend", die nach dem Klang dieser „Süße" fragen. Einer verkündet es: das ist der Ausgang Mariens aus dem Körper. Das erst entfacht die Wut eines aus der Menge, der seinem Stande nach ein „Hoher Priester der Juden" war. Er verübt den Frevel und erleidet die Qualen. „Die Engel in den Wolken aber schlugen das Volk mit Blindheit."

Damit aber wird ein neuer Bericht über die mirakulose Wirkung jenes Palmzweiges eingeleitet. Der jüdische Hohepriester-Frevler – er bleibt in B ohne Namen; erst eine griechische Version benennt ihn später als Jephonias – schreit in seiner Qual, da „seine Hände von den Ellenbogen an verdorrt sind und an der Bahre haften, bittend zum hl. Petrus. Er erinnert Petrus daran, daß er, der Hohepriester, es nach der Gefangennahme Christi auf dem Ölberg gewesen sei, der ihn, den Petrus, „gerettet" habe vor den Anschuldigungen jener Türhüterin im Praetorium (*ostiaria in praetorio*). (Gemeint ist die „Verleugnung" des Petrus, der es ihr gegenüber abstritt, er sei einer der Jünger des gefangenen Christus, Joh 18,17–18).[17] Damals habe er, der Hohepriester, ihn, den Petrus, gerettet. Nun möge ihm Petrus helfen. Doch der entgegnet nur, das sei nicht seine Sache. Der bestrafte Frevler möge Jesus Christus erkennen, die Jungfräulichkeit seiner Mutter auch nach der Geburt bekennen, dazu auch das Erbarmen des Herrn, das auch den Unwürdigen rette. Hier weitet sich diese nur in den Apokryphen „mögliche“ Gesprächsszene so weit, bis der Gedemütigte sagt: „Alles glaube ich, was Du mir sagst. Nur darum bitte ich Dich, erbarme Dich meiner, daß ich nicht sterben werde“. Jetzt läßt Petrus den Leichenzug stillehalten. Der unglückliche „Bekehrte“ erhält die verdorrten Hände von der Bahre zurück; er kann zwar wieder stehen, aber die Arme waren noch „ohne Leben, dürr“. Da heißt ihn Petrus an die Bahre zu treten, sie zu küssen und sein neues Glaubensbekenntnis zu sprechen. Das geschieht. Darnach erst weicht aller Schmerz von ihm, und auch seine Hände sind „wieder gesund“. Der geheilte Frevler „beginnt Gott zu loben und aus den Büchern Mosis das Zeugnis für Christus zu geben“. Diese „Umkehr“ aber nützt nun Petrus zu weiterem apokryphem Tun. Er setzt dazu jenen Palmzweig ein: „Nimm diese Palme aus der Hand unseres Bruders Johannes, geh in die Stadt (Jerusalem) und Du wirst dort viel mit Blindheit geschlagenes Volk finden (*invenies populum multum caecatum*); verkünde ihnen die Großmächtigkeit Gottes (*magnalia dei*), und denen, die an den Herrn Jesus Christus glauben werden, denen wirst Du diese Palme auf ihre Augen legen, und sie werden sehen“ (*et quicunque crediderint in dominum Jesum Christum, impones palmam hanc super oculos eorum, et videbunt*). Die aber nicht glauben, werden blind bleiben. Viele, die diesen Palmzweig auf ihre Augen gelegt erhielten, gewannen die Sehkraft wieder. „Nur fünf von ihnen, die in der Herzenshärte[18] verblieben, sind tot.“ Dann kehrte der Hohepriester (aus Jerusalem) zu den Aposteln zurück, brachte die Palme und berichtete über alles, was geschehen war“.

Die Apostel trugen Maria zu Grabe im Tal Josaphat. Sie verschlossen die Grabstätte, blieben aber dort davor, „wie es der Herr ihnen aufgetragen hatte“. Bald kommt Christus zu ihnen, „von strahlendem Licht umgeben“ (*magnae claritatis radio coruscante*). Er befiehlt dem Erzengel Michael, den Stein vom Grabe wegzuwälzen. Selber aber ruft er seine Mutter an. Sie erhebt sich im Grabe: *Et statim resurrexit Maria de tumulo[19], et benedicebat dominum et provoluta ad pedes domini adorabat eum:* Maria dankt dem Herrn, zu seinen Füßen hingestreckt, bis er seine Mutter küßt und ihre Seele den Engeln übergibt, daß sie diese „ins Paradies tragen“ sollten. Christus selber küßt seine Apostel, und so wie Maria entschwindet auch der Herr in den Wolken. Damit endet in der Fassung B diese gegenüber A stark ausgeweitete Apokryphe um Marientod, κοίμησις, μετάστασις, ἀνάπαυσις und *dormitio, assumptio.*

Dieser lateinische *Transitus s. Mariae* wird als eine im 4./5. Jahrhundert entstandene „Legende" früh als solche erkannt. Sie war in einer Fassung dem Bischof Melito von Sardes (2. Hälfte des 2. Jahrhunderts n. Chr.) zugeschrieben, der ein Schüler des Evangelisten Johannes gewesen sein soll. Seither geht diese Schrift unter dem Namen „Pseudo-Melito".[20] Die Fälschung geriet, als solche noch unerkannt, in die „Wundergeschichten" (*octo libri miraculorum*) des Gregor von Tours (um 540 bis 594) und noch im 9. Jahrhundert in die Fälschung der *Historia* des Euthymios von Konstantinopel (um 834 bis 917).[21] Vor diesem war der Pseudo-Melito sogar in die 2. Homilie des großen Theologen Johannes von Damaskus (um 650 – um 750) geraten. die er zum Feste des Entschlafens der Gottesmutter am 15. VIII. gehalten hatte. Jedenfalls war dieser Pseudo-Melito von Sardes bereits um die Mitte des 6. Jahrhunderts in das *Decretum de libris recipiendis et non recipiendis,* also der „aufzunehmenden und der nicht aufzunehmenden Bücher" gesetzt worden, das (fälschlicherweise) unter dem Namen des Papstes Gelasius I. (P. M. 492–496) geht; doch ist es erst ein halbes Jahrhundert später verfaßt worden. Hier scheint die Schrift *Liber (qui appellatur) Transitus s. Mariae (apocryphus)* auf.[22] Das wiederholt sich auch noch später im *Decretum Gratiani,* also in der um 1142 entstandenen Sammlung kleiner Vorschriften des italienischen Kamaldulensermönches Gratianus. Dieses *Decretum* hatte der gelehrte Mönch sozusagen als Grundlage für das kommende Kirchenrechtsbuch, das *Corpus juris canonici,* erarbeitet.

Wesentlich für die Tradition der Legenden um das „Entschlafen der Gottesmutter" sind auch zwei griechische Berichte. Zuerst ein Pseudo-Johannes.[23] Er wurde als liturgischer Text verwendet. Seine Besonderheit: Er läßt den Leib Mariens in das „Paradies, nur die Seele in den Himmel kommen". Griechisch-orthodoxe Theologen schätzen diesen Bericht nicht. Manche bezeichnen ihn als „apokryph". Zum zweiten geht es um eine Homilie des Erzbischofs Johannes von Thessalonike (als solcher dort von 610 bis 649).[24] Sie könnte eine verlorene Urquelle ersetzen, aus der auch andere griechische, aber auch lateinische Quellen schöpften, darunter eben auch die *Legenda aurea.* Jedenfalls gilt dieser Pseudo-Melito-Text als der im Abendlande meistgelesene.[25] Von 15 Handschriften, die Frau Monika Haibach-Reinisch in ihrer Münchener Philosophie-Dissertation 1954 und zu Rom 1962 untersuchen hatte können, sind die meisten zwischen dem 11. und dem 15. Jahrhundert entstanden. Der Schwerpunkt liegt allerdings in der Zeitspanne zwischen dem 12. und dem 14. Jahrhundert, damit in der Hochblüte der mittelalterlichen Marienverehrung. Kurze Auszüge des 8. Jahrhunderts finden sich allerdings auch bei Beda Venerabilis (672/73–735). Anscheinend waren es angelsächsische Missionare, die diese Legende nach Süddeutschland gebracht haben. Im Westen hatte sich vermutlich schon früh der *Transitus*-Text B^1 durchgesetzt. Von ihm blieb bereits ein *codex* aus Montpellier vom 8. Jahrhundert erhalten. Dagegen hat sich der – neugefundene – Text B^2, der nunmehr als die „ursprünglichere", allerdings literarisch auch „bedeutendere" Fassung beurteilt wird, weniger stark durchsetzen können, und dies – mit Handschriften aus Paris, Oxford und Dublin – erst vom 14. Jahrhundert an.[26]

Zu diesen Fassungen des *Transitur* B^1 und B^2 stellt sich auch noch eine, die erst 1953 vom Bollandisten François Halkin S. J. veröffentlicht wurde.[27] Diese Version des Erzbischofs Johannes I. von Thessalonike, hier ausgezogen aus dem Pseudo-Melito von Beginn des 7. Jahrhunderts, nachmals oft „abgeschrieben", also „gebraucht" für die Liturgie, führt den Titel Αὕτη ἡ βίβλος τῆς ἀναπαύσεως Μαρίας, also „Das Buch vom Entschlafen Mariens". Hier steht das griechische ἀνάπαυσις im Sinne von „Ruhe, Entspannung, Schlaf". Es wird seit 1940 angesehen als eine Art Hirtenbrief anläßlich der Einführung des Festes der κοίμησις der Jungfrau in der Diözese von Thessalonike. F. Halkins Text stammt aus einer erst 1445 niedergeschriebenen Handschrift im Vatikan. Diese zeigt ihrerseits nahe Verwandtschaft mit einem jedoch um eintausend Jahre älteren Typikon (als Buch mit liturgischen Vorschriften und Regeln der Orthodoxie) auf Patmos.

Für unser Thema ist es wesentlich, daß hier etwas ausführlicher als sonst von jenem Palmzweig im Bericht über das Entschlafen der Gottesmutter die Rede ist. Er ist mir zwar auf Bilddarstellungen der Orthodoxie in Südosteuropa selten begegnet. Wohl aber gehört er wesentlich zu bedeutenden Marientod-Darstellungen des mittelalterlichen Westens. Er wird m. W. auch nur hier bei Johannes von Thessalonike so besonders erwähnt. Vor allem findet er sich nicht im sonst so wesentlich Motive und Szenen der orthodoxen Malkunst als religiöse Vorgabe enthaltenden „Handbuch der Malerei vom Berge Athos", wie es einst der Athosmönch Dionysios von Phourna aus alten Vorlagen und Regeln auch für das κοίμησις-Bild erstellt hatte.[28] Diese Ἑρμηνεία τῆς ζωγραφικῆς (τέχνης) schildert nämlich nur das „Entschlafen der Gottesmutter" auf ihrem Bette: „Zu beiden Seiten sind Leuchter mit angezündeten Kerzen (μανουάλια με λαμπάδας ἀναμένας)". Allerdings ist jener „Frevel" als Szene vorgesehen; sogar erweitert um einen „Engel mit einem entblößten Schwert"!

Der Pseudo-Melito nach Johannes von Thessalonike, dem als wichtiger Fund ein äthiopischer *Liber Requiei* 1973 gefolgt ist,[29] enthält also nähere Angaben über jene Verkünd-Gabe an Maria, die in den lateinischen Versionen lediglich mit *palma* angegeben ist. Zu Maria kommt „der große Engel" und übergibt nach seinem Gruße τὸ βραβεῖον (τὸ δε ἦν κλάδος βαΐων φοινίκων), „das war ein Zweig von der Dattelpalme". Davon aber wußten die Apostel vor ihr (Maria) hymnisch zu berichten, daß er „viele Kräfte bringe". Maria aber geht auf den Ölberg, und „alles Gewachsene neigt seine Wipfel und verehrte sie." Dann geht Maria mit „Johannes dem Theologen" in ihre Kammer. Sie spricht über ihr Begräbnis und zeigt ihm zwei ihrer Kleider „und auch das βραβεῖον".

Es ist wesentlich, zu betonen, daß es sich bei unserem βραβεῖον / *bravium* nur um einen Palmzweig („aus dem Paradiese") handelt. Der ist vom „Stab" (des Himmelsboten als Symbol), von „Zweig und Lilie" in der Gabriels-Verkündigung zu unterscheiden.[30] Er taucht ja auch wesentlich seltener und als solcher nur in der „Todesverkündigung" an die Gottesmutter auf. Das auch im Neugriechischen gut bekannte Wort ἆθλος bedeutet im früheren Sprachgebrauch den „Ehrenpreis" für den Gewinn bei einem ἀγών, also in einem „Wettkampf", als „Honorar", als „Lohn, Ehrensold" für den Gewinner. In jüngerer Zeit steht das Wort für eine „Ehrengabe" für eine hervorragende Leistung, die eben den „ersten Preis verdient".[31]

Als die Apostel sich um Mariens Bett aufstellten, „leuchtete ihre rechtschaffene Seele weiß wie ein Licht". Zu Petrus spricht „der Herr": „Die Seelen aller Menschen sind von Anfang an weiß wie die Mariens, aber durch die Sünde werden sie dunkel." Wenn die Apostel später Maria zu Grabe geleiten, schmücken sie mit diesem βραβεῖον das Bahrbett. Sie singen vor ihr beim Tragen der Bahre, bis es zu jenem Frevel kommt. Auch hier wieder tritt die „Bekehrung“ des Frevels ein. Es kommt zur Übergabe eines Sprosses aus dem Palm-βραβεῖον an ihn, daß er den Zweig nach Jerusalem trage und dort den „in Blindheit Gefallenen“ auf die Augen lege. Die „glauben“, würden wieder gesund werden, ihr Augenlicht zurückerhalten.

Auch in dieser Version bei Johannes von Thessalonike wird Maria noch im Grabe zu neuem Sein auferweckt. Sie „steht auf mit Leib und Seele“ zum ewigen Leben.

Nirgends in den weiten von mir durchwanderten Landstrichen der südosteuropäischen Orthodoxie, vom Schwarzen Meer bis zur mittleren Adria, von der einst vorwiegend von Serben bewohnten Krajina in Westkroatien bis Kreta, Rhodos, Zypern war mir je eine Bilddarstellung dieser Übergabe des Palmzweig-βραβεῖον begegnet, die in den frühen und in den noch spät aufgezeichneten Apokryphen so klar in ihrer Heilsfunktion beschrieben, zunächst als „Ehrengabe“ an Maria vor Abschluß ihres Erdenlebens und gleichzeitig als (von ihr ja selbst erbetene) Anzeige der Nähe ihres Hinscheidens aus diesem Erdenleben in der *metastasis*, des *transitus* genannt wird. Umso erstaunlicher ist es, daß sie gleichwohl der „kündenden Kunst“ des lateinisch geprägten Abendlandes aufnehmenswert erschienen war. Das aber heißt: es wurde eben auch „verstanden“ von den Meistern wie von den „Betrachtern“ der Bildwerke vom „Marientod“.

Es gibt etwas über hundert Jahre später auch noch ein sehr bedeutsames, ursprünglich griechisch niedergeschriebenes Zeugnis für dieses βραβεῖον. Allerdings ist es nur lateinisch veröffentlicht in vier Predigten, Homilien des kaiserlichen Hof-Garderobe-Beamten zu Byzanz, Kosmas Βεστήτωρ, meist zitiert als Cosmas Vestitor (um 750 bis 830). Zu seinen Predigten auf verschiedene Heilige (Zacharias, Barbara, Joachim, Anna) und die Translation der Reliquien des hl. Johannes Chrysostomus sind vier κοίμησις-Homilien überliefert. Sie blieben im „Codex Augiensis LXXX“ von Karlsruhe, einer Handschrift des 11. Jahrhunderts (fol. 49^r–69^r) erhalten. Daraus wurden sie eben lateinisch veröffentlicht.[32] Auch hier gibt es also einige Stellen über das βραβεῖον, übersetzt als *bravium*. Sie bleiben bemerkenswert, auch wenn sie sich keineswegs über den geläufigen Erzählumfang seit Pseudo-Melito, dem *Liber Transitus* und der von ihnen abhängigen byzantinischen Schriften hinaus bewegen.

Schon in der I. Homilie heißt es nach der Mitteilung Jesu, daß die Apostel kommen würden, Maria *honorabiliter et intemeranter* beizusetzen „wie von seiner Hand": hernach *dat et brauium palme angelus uirgini.* Ausdrücklich wird der Palmzweig hochgelobt als Zeichen des Sieges über den Tod und des nicht entschwindenden Lebens, weil durch dieses Zeichen die „Hinüberschreitende" geschützt ist gegen den Verfall: *Erat autem hoc ex paradisi propagine missum, indicium uictorie mortis et uite non defluentis prefiguratio, ad certitudinem dandam quod transiens preualitura esset aduersus corruptionem, quemadmodum Christus qui ex ipsa natus uicit infernum. Tale fuit et brauium palme quod Deo amabiles Hebreorum pueri, appropinquante Christo passioni, tanquam mortis uictori concutiebant clamantes: Hosanna in excelsis. Hosanna vero apud Judeos salua nunc interpretatur. Sicut ergo illic rami palmarum uictricem et ultroneam Christi prenuntiabant symbolice mortem, ita et brauium quod Dei Genetrici datum est, et satisfactionem ad eam uictorie contra mortis destructionem transmissum est.* So wird also die „heilsgeschichtliche" Bedeutung des Palmzweiges bei Cosmas Vestitor sehr betont. Sie deutet die *transmigratio* Mariens sinnfällig als „gottgewollt" an.

Dementsprechend sieht sich Maria nach dem Rückflug des Engels in den Himmel von Freude erfüllt, wenn sie, „den Palmzweig in Händen", in ihr *interius cubiculum* tritt. Sie betet zu ihrem Sohn und beschwört ihn (*obsecrans*), es möge alles so kommen, wie Er es versprochen habe, daß sie „vor der allgemeinen Auferstehung selber unversehrt bleibe ... und würdig werde des Wohnens im siebenten Himmel" (*ut ante communem omnium resurrectionem, ipsa incorruptionem indueret ad distinctionem cognatorum secundum carnem suorum; cum his etiam ut digna quoque fieret habitatione septimi celi*). Die anscheinend hohe theologische Bildung des Cosmas Vestitor wird immer wieder in manchen wörtlichen Bezügen auf Evangelien- und Paulus-Brief-Zitate ersichtlich. So z. B. auch hier beim Ausdruck des *induere incorruptionem* nach dem I. Korintherbrief 15,53 bei Paulus.

Ansonsten begegnet hier im zweiten κοίμησις-Briefe die Bitte Mariens an die Apostel nach der Mitteilung an sie vom *transitus* am dritten Tage, sie mögen „zwei Nächte bei ihr verbringen", die „Kerzen anzuzünden, die nicht verlöschen" sollten: *ad succendas lucernas que non exstinguantur.* Johannes „den Theologen" aber führt sie in ihr Gemach (*cubiculum*) und zeigt ihm das Begräbniskleid und „eine Schrift, die sie bei sich ..., vom Erlöser selber ... gegeben, heimlich aufbewahrte“: *introducit hunc in cubiculum, ostendens ei sepulture uestem, chartamque quam habebat apud se occultatam. In qua mystica quedam continebantur que sibi credita fuerant ab ipso Saluatore dum adhuc gestaret etatem, cum quibus et uocatio conscripta apostolorum.* Andernorts wird auf dieses Schreiben in den Apokryphen verwiesen, das Christus seiner Mutter zu Beginn seines Erlöserleidens zu heimlichem, also besonderem Aufheben übergeben hatte. Unmittelbar darauf aber zeigt Maria dem Johannes auch den Palmzweig mit den Worten, daß er diese *charta* nehmen solle: *Accipe autem et chartam hanc et scito cuncta subtiliter que creature sunt, ex officio apostolorum, quod a Deo predestinatum est tecum fungendum. Ecce palmam suscipe et illam precedentem ante lectum meum.* Vor ihrer Bahre müsse Johannes also den Palmzweig beim Leichenbegängnis tragen.[33]

Auch die dritte κοίμησις-Predigt des Cosmas Vestitor kommt auf die *sepulture uestimenta, chartam et palmam* zu sprechen. Vor allem aber geht es hier um die Lichtsymbolik: um die Anordnungen des Heilandes an Johannes, daß die Kerzen nicht ausgelöscht werden dürften bis zu Mariens *obitus.* Hunderteinundzwanzig Jungfrauen waren in Mariens Haus zusammengekommen. Aus ihnen wählte Petrus drei aus, die sich „die ganze Nacht um die *lampades pro lucernis* kümmern mußten“. Maria aber wird hymnisch gepriesen als *trifidum triadici luminis candelabrum,* weil „durch Seele, Leib und Geist“ den Menschen die Helligkeit (*claritas*) ins Bewußtsein gelegt worden sei. Petrus gibt dem Johannes den Palmzweig. Doch er fühlt sich nicht als der Würdigste, ihn zu tragen. So flicht ihn Petrus, um einen Streit darüber zu vermeiden, zu einer Krone, mit der er die Bahre schmückt (*Petrus obseruans ut scandalum declinaret, acceptam palmam ad caput perplexam curuat et lectum coronat*).

Die vierte und letzte κοίμησις-Homilie des Cosmas Vestitor nimmt sich den „Frevel“ an Bahre und Leichnam Mariens (*Cum grabatum Dei matris ad sepulchrum ferretur*) zum Ausgangsvorwurf gegen den „obersten Priester der ungetreuen und besoffenen Hebräer“ (*Hebreorum ... preuaricatorum et uinolentorum summus sacerdos*). Der greift nach dem Leichnam und der Palme und erleidet das bekannte Strafwunder. Auch hier „bekehrt“ sich der Frevler. Er bekommt – selber geheilt – von Petrus „ein Stück vom Palmzweig“ (*unam clatarum ex palma*), „die an Christus Glaubenden und seiner Mutter gegenüber von flammender Liebe Erfüllten“ zu heilen. So geschieht es auch.

Des weiteren verbleibt Cosmas Vestitor nach der Thomas-Frage und der Öffnung des Grabes Marias völlig im apokryphen Bereich der Tradition. Doch geht er, anders als seine Vorgänger, auf die „Reliquien Marias" ein. Er findet, daß diese nicht, wie es Kaiserin Pulcheria vorschlug, nach der Kreuzauffinderin Kaiserin Helenas Wunsch nach Konstantinopel in die Marienkirche im Blachernen-Viertel gebracht werden sollten. Nach Cosmas sollten diese Reliquien „nicht in Rom, nicht in Konstantinopel, sondern in Jerusalem, d. h. in der Nähe von Betlehem verehrt" werden. Mit Überlegungen zum Lebensalter der Gottesmutter klingt dann auch die vierte Homilie zur κοίμησις der Gottesmutter aus.

Kehren wir zwischendurch zu mittelalterlichen Bilddarstellungen des „Marientodes" und der Symbolwertigkeit des βραβεῖον-Palmzweiges dabei zurück. Sie sind reichlich gegeben, jedoch noch nicht in größerem Zusammenhang erforscht.[34] Das müßte auch von seiten der Kunstgeschichte in Angriff genommen werden, die sich allerdings kaum auf die Beschränkung auf zwei nicht „dominante" Motive zum „Marientod", auf „Sterbekerze" und „Palmzweig-Legende" oder „Ritual" einlassen würde. So mögen hier bewußt vor der Widerspiegelung dieser Motive in der breiten lateinischen wie der – vorwiegend deutschen – von uns überschauten Dichtung der Gattung „Marienklage" einige Bilddarstellungen des hohen wie noch des späten abendländischen Mittelalters vorgestellt werden.

In österreichischem „Sakral-Besitz" befindet sich im „Neukloster" zu Wiener Neustadt ein Elfenbein-Relief mit dem „Marientod". Es gilt als „nordfranzösisch, um 1280".[35] (Abb. 3) Mit über der Brust gekreuzten Händen liegt die mit offenen Augen lächelnde Gottesmutter auf ihrem Sterbebette. Sie schaut zu Jesus auf, der – von einer Rundgloriole umleuchtet – Mariens „Seele" als (nicht „gefatschtes") Kleinkind auf dem linken Arme trägt. Die Rechte ist, mit einem Segensgestus „Abschied nehmend", zu Maria gewendet. An Christi rechter Seite aber, inmitten der Zwölferschar der Apostel, steht, Maria zunächst, ihr „Sohn vom Kreuze her", den Blick auf Jesus gerichtet, Johannes mit gleichfalls wie im Segensgestus „Abschied nehmend" aufgerichteter Linker. Seine Rechte aber hält das βραβεῖον als einen langen über seinen Kopf hinaus reichenden Palmzweig. Fast sieht es aus, als wollte der Elfenbeinschnitzer die Palme an des Johannes Rechter von der Schulter der Entschlafenden weg so deutlich ins Bild bringen.

Das weitaus Bedeutendste im reichen Lebenswerk des wahrscheinlich zu Siena um 1260 geborenen, dort auch 1319 verstorbenen ersten großen Meisters der nachmals und auch heute noch hoch angesehenen sienesischen Malerei, Duccio di Buoninsegna, ist seine „Maestà“. Sie stellt die als „Mutter“ thronende Madonna mit Engeln und Heiligen dar im Mittelteil des großen Altarwerkes für die Repräsentation der Stadt im Dom zu Siena[36]. Duccio hat dieses monumentale Werk zwischen 1308 und 1311 geschaffen als ein Meister, der noch an die Traditionen der byzantinischen Vorbilder gebunden erscheint. Doch gerade er war es, der die dort im fortgeschrittenen Mittelalter nicht zu übersehende „Starre“ in seiner Malweise gelöst hat. Szenen und Einzelgestalten hat er zu beseelen versucht in der erstrebten Anmut und mit spürbarer Wärme gegenüber dem noch langen Nachwirken einer Byzanz verpflichteten Kunst der Orthodoxie in Fresken und Ikonen.[37]

Uns geht es hier nicht um die „Repräsentation“ der Stadt, um die stolz „sprechende“ Betonung der öffentlich dokumentierten Verehrung der Gottesmutter als *Advocata Senensium.* Maria, umringt von den Stadtheiligen „in einem Panoramabild der himmlischen Kirche“.[38] Wir schauen auf die *dormitio virginis.* Sie ist in eine fünfteilige Szenenreihe gesetzt, die das Gesamtwerk bekrönt. In vier ihrer Szenen ist das *brabeion* in seiner vollen Bedeutung, wie sie uns in einigen griechischen Apokryphen im Gefolge des Pseudo-Melito begegnet war, sichtbar. Sie war für den mittelalterlichen Betrachter gewiß deutlich „erzählend“ in ihrem Sinnbildgehalt.

Zuerst ist jener Palmzweig das *signum* der Todesankündigung an Maria. Sie hatte ja selber Christus um solche Vor-Anzeige gebeten. Die Gottesmutter sitzt hier bei Duccio in einem dunkelblauen Mantelüberwurf (ὠμοφόϱιον), entsprechend dem lateinischen *pallium* als von den Griechen übernommener weiter Mantel der Vornehmen, mit den zwei, oft aber drei Sternen darauf als (volkstümlich[39]) so gedeutetes Sinnzeichen ihrer „Reinheit vor, in und nach der Geburt“ in ihrer Kammer. Aus dem am Lesepult aufgeschlagenen Buche betet sie. Beide Hände sind in Gebetshaltung, die Handflächen nach oben gewendet, erhoben. Aber durch den überwölbten Eingang tritt ein großer Flügelengel, μέγας ἀϱχάγγελος heißt er schon in den Texten, auf sie zu: Maria weicht nicht vor ihm zurück wie oftmals bei den Darstellungen der „Gabriels-Verkündigung“ ihrer Mutterschaft.[40]

In dieser ersten Szene reicht der Engel seine „Palme“ als Zweigbündel mit sieben zarten Blütenständen darüber an Maria. Sie streckt ihre Hände wie eine, die das *signum* ihres nahen *transitus* schon erwartet hatte, dem Engel entgegen. Das *palma-brabeion* aber berührt sie selber noch nicht. (Abb. 4)

In der Folgeszene der *Maestà*-Bekrönung ruht Maria halb aufgerichtet auf ihrem Bette (Abb. 5). Auch hier ist sie in das dunkelblaue Omophorion gehüllt. Um sie herum sind die Apostel – mit der Ausnahme des Thomas – versammelt. Sie waren ja per *miraculum* in Windeseile, zumeist eben durch das in vielen Legenden geläufige Wunder der ἁρπαγή[41], des *raptus* ins Gemach der todbereiten Gottesmutter gebracht worden. Mit ihnen scheint nun Maria über ihren nahe empfundenen Abschied vom Erdenleben zu sprechen. In allernächster Nähe zu ihrem Antlitz hält Johannes wie auf dem vorhin genannten Elfenbeinrelief aus Nordfrankreich um 1280 (Abb. 4) den Palmzweig als betontes Verkünd-*signum*. (Abb. 5)

Auf der nächsten dieser (nicht immer gleich großen) Bildtafeln, im eigentlichen „Marientod“ also, ist die Gottesmutter im dunkelblauen Mantel auf dem weißen Bettlinnen schon „entschlafen“. Ihre Augen sind geschlossen, die Hände über ihrer Brust gekreuzt, so wie auf den meisten κοίμησις-Darstellungen der Orthodoxie. So liegt also Maria als Mitte der Szene im Bildvordergrunde. Hinter ihr hält Christus bereits ihre Seele als nimbiertes Kleinkind; auch hier also nicht wie so oft sonst als „Fatschkind“.[42] Jesu Hände sind von dem roten Mantel *velum*-artig verhüllt. Neben den Aposteln umgeben noch fünfzehn Engel das Sterbebett. Im Vordergrund links aber, zu Füßen der „hochheiligen Entschlafenen“, kniet Johannes. Wieder hält er das *brabeion* aufrecht in seiner Rechten. Es ist hier aber etwas verändert in ein Siebener-Zweigbündel ohne die in der ersten Szene daraus sprossenden Blüten als Verkünd-Gabe an die noch lebende Madonna. (Abb. 6)

Auf der nächstfolgenden Bildtafel tragen die Apostel Mariens Bahre, das *feretrum*, zum Grabe. (Abb. 7) Die heftige Bewegung zweier Hände auf das Bahrtuch am Kopfende der Entschlafenen, geschehen durch einen „Frevler“ in dunklem Untergewande und einem roten Überwurf, das erscheint hier eher als eine Andeutung denn eine Besonderheit. Der Mann ist begleitet von zwei Älteren, Bärtigen und einem Jüngeren hinter ihm. Die Szene ist nicht so sehr den alten Überlieferungen im Bereich von Byzanz nachgebildet. Sie ist als „Insult-Versuch“ erkennbar. Aber nach dem Willen des Meisters Duccio scheint sie nicht so sehr als „wesentlich“ in der *dormitio* empfunden. Nur ein Weißhaariger im Vordergrunde sieht, die Linke als tragende Hand an einem Bettfuß der Bahre haltend, wie mit besorgter Miene auf das Geschehen hinter ihm. So kann das wohl nur Petrus aus der Apokryphe sein, auch wenn ihn, so wie die vier vorderen Bahrträger, kein Nimbus umstrahlt. Vor der Bahre aber schreitet, barfuß wie alle Apostel, der jugendliche Johannes. Wieder hält er in seiner Rechten das *brabeion.* Den Hintergrund dieser Szene bilden die Mauern der Stadt Jerusalem, auch etliche ihrer Gebäude. Über sie hinaus ragt der „Tempel des Salomon“. Mauer und Gebäude zeigen an, daß die zum Begräbnis der Entschlafenen im Tale Josaphat versammelten Apostel und ihre „Feinde“ die Stadt schon verlassen haben.

Mag sein, daß hier wohl viel die Schüler in Duccios Werkstatt mitgearbeitet haben. Doch uns geht es hier nur um die Motive, nicht um ihre künstlerisch hoch oder minder zu bewertende Darstellung.

Auch das letzte Bild der Reihe, *il sepellimento della vergine,* die Grablegung der Jungfrau Maria zwischen den kaum baumbestandenen Felsen des Tales Josaphat, läßt Johannes mit einem Blick tiefer Verehrung und Trauer in Liebe das Palmzweigbündel der Gottesmutter zu allernächst tragen. Hier hat dieses *brabeion* schon wieder sieben sichtbare Blütensprossen ...

Ganz deutlich folgt also Duccio 1308–1311 in seiner „Marientod“-Bilderreihe den so reich vorhandenen byzantinisch-griechischen Überlieferungen. Denen hatten sich aber zu seiner (im allgemeinen im Westen des Griechischen nicht mächtigen) Zeit auch lateinische Übersetzungen beigesellt. Das gilt nicht zuletzt auch für die „Legenda aurea“. Solchen Übersetzungen folgt Duccio sichtlich ganz bewußt in seinem Legenden-Wissen um die *dormitio, assumptio* der Gottesmutter. Eine Szene der „Himmelfahrt Mariens“ ist allerdings von diesem Werke nicht erhalten geblieben. Ebenso fehlt heute die vermutlich abschließende Szene der „Krönung“ Marias zur „Himmelskönigin“.

Wesentlich anders und doch in den kleinsten Motiven „überlieferungsgemäß“ auf einer anderen, über hundert Jahre später entstandenen Szene des „Marientodes“. Wir wählen dafür das Malbild des westfälischen Meisters Konrad von Soest. Er war zu Dortmund um 1395 bis 1425 tätig. Sein Hochaltarbild, nach arger Verwahrlosung erst in der ersten Hälfte unseres 20. Jahrhunderts wieder hergestellt, war für die Marienkirche zu Dortmund gemalt. Sie ist seit der Reformation protestantisch. Schon ein erster Blick auf dieses Gemälde (Abb. 6) läßt uns den zu seiner Zeit blühenden „weichen Stil" erkennen.[43]

Konrad von Soests Dortmunder „Marientod" wurde um 1420 in Temperafarben auf Eichenholz (137 × 110 cm) gemalt. Maria ist als fast noch jugendlich zu nennende Frau dargestellt. Man spricht von „burgundischer" Schönheit und Anmut. Ihr Haupt ist von üppig wallendem Blondhaar umhüllt. Augen und Mund sind geschlossen. Maria liegt in weißem Sterbekleid wie eine Braut auf dem von einem blauen, reich mit Goldzierat bestickten Tuche bedeckten Prunkbette. Von dem ist nur ein geschnitzter Pfosten am Kopfende sichtbar. Ihre Hände mit besonders zartgliedrigen Fingern hat die Entschlafene über ihrem Schoß gekreuzt. Die Rechte nimmt den unteren Teil einer auffallend langen Sterbekerze aus goldgelbem Wachs wie versuchsweise-zögernd an sich. Doch diese brennende Kerze wird von Marias Sterbebegleiter Johannes mit den Fingern seiner Rechten so gehalten, daß sie sicher aufrecht steht. Mit der kleinen Flamme reicht sie über des Sterbehelfers Kopf in dessen goldenen Nimbus um das blondgelockte Haupt. In dieser Kerze aber ist oberhalb ihrer Mitte deutlich eine braune Münze gedrückt. Die Linke des Johannes, der sich mit grünem Ärmelkleid und hellrotem Überwurf der Entschlafenen entgegenneigt, sucht mit ihren gleichfalls betont schmalen Fingern die Berührung mit denen der Gottesmutter. Sie hat ja schon „Abschied genommen". Voll Liebe sieht Johannes auf die „hinüber Gegangene". Diese seine Linke aber hält einen gleichfalls nur dünnen Palmzweig, eben das aus den Apokryphen des griechischen Südostens geläufige βραβεῖον.

Blaugewandete, blondlockige Engel mit wiederum blauen Flügeln mühen sich in sehr kleiner Gestalt, das Haupt der Entschlafenen verehrend zu verschönern: einer schließt eben sanft ihr linkes Auge; ein anderer drückt Lippen und Kinn der friedlich „Schlafenden" zusammen; ein dritter zieht das weiße *maphorion* über das Blondhaar Mariens. Drei weitere „blaue Engel" sehen dieser Sorgfalt des Bemühens um das Haupt der lieblich Entschlafenen mit ihrem sichtlich von Güte und Zufriedenheit zeugenden Antlitz mit zum Gebet gefalteten Händen zu.

Ein Apostel in rotem Großmantel-Überwurf, der sein Haupt bis zu den Augen verhüllt, liest wohl die vermutlich rituellen Sterbegebete. Ein anderer, hellblau gekleidet und mit ebenfalls rotem Mantelüberwurf, mit breitem Goldnimbus und (für mich nicht mehr lesbarer) Namensinschrift, scheint in das Glutnest eines Rauchfasses an langer Kette zu blasen, den Weihrauch in dieser Sterbestunde zu entfachen.

Über der Gesamtszene schweben im Goldgrunde zwei Flügelengel. Sie scheinen etwas durch Schadstellen nicht mehr Erkennbares zum Sterbebette zu bringen. Ob es die oft erzählte Episode mit der „Gürtel"-Spende der Gottesmutter für den zum Marientod zu spät gekommenen Apostel Thomas sein soll? Vor dem Prunkbette der Sterbenden, gemalt im üppigen Stil der burgundischen Kunst des Spätmittelalters, der Konrad von Soest sehr viel verdankt, steht in einem bauchigen Gefäß eine siebenfach hellblau blühende Lilie. Es ist also nicht wie in den eingangs besprochenen κοίμησις-Szenen eine in einem Ständer vor dem Sterbebette brennende Kerze. Maria hält hier in Westfalen um 1420 die Sterbekerze gemeinsam mit Johannes neben dessen Palmzweig als liegend Entschlafene. Es ist also auch nicht wie in den eingangs besprochenen orthodoxen Marientod-Szenen eine zentral im Bildvordergrunde unter der Sterbenden vor einem besonderen, oft sehr schön geschmückten Ständer angezündete „Sterbebegleitung". Hier im spätmittelalterlichen Westfalen hält also Maria solch eine „Sterbekerze" gemeinsam mit Johannes in der Hand. (Abb. 7) Nur er hält zusätzlich noch jenen Palmzweig. Doch scheint es mir überinterpretiert, zu sagen; „Der Palmzweig als Sinnbild der Friedensherrschaft Christi kennzeichnet Maria als Himmelskönigin an der Seite von Christus."[44] Die Geschichte dieses Palmzweiges und in ihr seine Bedeutung als Zeichen der von Maria selber erbetenen Todes-Vorankündigung zuerst in der Hand des Engels und nachher in jener des Grabgeleiters Johannes ist zumal in der byzantinisch-griechischen Überlieferung seit mindestens dem 7. Jahrhundert im Gefolge des Pseudo-Melito von Sardes zu dessen „*Liber Transitus Mariae*" genau festgelegt. Davon weiß besonders auch die Szenenbilderreihe des Marientodes über der *Maestà* des Meisters Duccio di Buoninsegna zu Siena.

Ebenso eigenartig, bisher jedoch nur sehr vereinzelt nachzuweisen ist die unverkennbar in das goldgelbe Wachs der großen, von der Sterbenden in ihren und des Johannes Händen getragenen

Kerze gedrückte Münze.[45] Freilich liegt hier sofort der Gedanke an eine „Parallele“ zu dem im antiken Totenritual wohlbekannten *Obolus* (griech. ὀβολός) nahe. Doch diese Münze legt man dem Toten in den Mund, zumeist unter die Zunge, daß „seine Seele den Fuhrmann ins Totenreich bezahlen“ kann, ob er nun Charon heißt oder anders. Kupfermünzen wurden so auch im östlichen Deutschland dem Toten in oder auf den Mund und auf die geschlossenen Augen gelegt, damit sie sich „nicht wieder öffnen möchten“.[46]

Im Falle unseres Konrad von Soest ist jedoch zu bedenken, daß die drei erhalten gebliebenen Bruchstücke vom ehemaligen Hochaltar der Marienkirche zu Dortmund erst im Jahre 1926 von ihren Übermalungen befreit wurden. Dabei erst entdeckte ein Restaurator die in der Rechten Mariens „brennende Kerze“. (Abb. 6) Sie soll bis dahin unter der Bemalung eines „großen Palmwedels“ verborgen gewesen sein. Robert Nissen nimmt – allerdings irrtümlich – an, daß dieser „Palmwedel“ nur eine „Zutat späterer, protestantischer Zeit“ gewesen sei.[47] Erst bei der „Wiederverwendung der gotischen Tafelbilder in einem großen barocken Altar im 18. Jahrhundert werde man die Sterbekerze als im protestantischen Gottesdienst ungebräuchlich weggelassen und dafür einen Palmzweig gesetzt haben“. Das sei bestätigt durch Mitteilungen des Restaurators, wonach „die Übermalung aus technischen Gründen aus der Barockzeit stammen müsse“.

Immerhin sieht Robert Nissen im erneuerten Bilde, eben in der 1926 aufgedeckten Sterbekerze, etwas Rituelles. Für ihn geht es nicht so sehr um eine Darstellung des „Marientodes“. Er erkennt darin vielmehr „eine Schilderung des Beginns einer Totenmesse der Jünger an der Leiche der Muttergottes“. Die „angezündete gesegnete Kerze“ gilt ihm also als ein Element „im katholischen Ritus der *commendatio animae*“.[48] Hier kann es sich also doch wirklich um das Beibehalten des mittelalterlichen Brauches einer „getarnten oder verschämten Geldspende“ handeln. Es ist jedoch m. E. eine andere Frage, warum der Restaurator von 1926 aus dem von ihm abgedeckten „großen Palmwedel“ ein wirklich nur sehr schmächtiges Zweiglein neben der doch auffallend großen Sterbekerze beibehalten hat.

Westfalen und die Rheinlande kennen also laut Robert Nissen eine Münze in der Sterbekerze so gut wie nicht. Bedeutsam aber ist sie im niederländischen Brauchtum bei Tod und Begräbnis, dabei verbunden mit dem Gedanken der Münze als „gespendetes Geld für die Kosten der Beerdigung". Als bildkünstlerisches Motiv dürfte diese Münze in der Wachskerze[49] aus den Niederlanden stammen. Genauer: aus dem vlämisch-burgundischen Gebiete. So auch eben bei Konrad von Soest. In Westfalen kehrt dieses Motiv im „Marientod" nur noch auf dem sogenannten Blankenberg-Altar aus der Walburga-Kirche in Soest (heute im Landesmuseum von Münster) wieder. Dieser Altar aber gilt als mit Sicherheit unter dem Einfluß des Meisters Konrad von Soest gestaltet. Der hatte selber frühe Beziehungen in seinem Werden als Künstler gerade eben zum niederländisch-flandrischen Kulturkreise. So mag er wohl auch dieses Motiv der Münze in der Sterbekerze von dort her kennen, wo es vielleicht um 1400 noch religiöser Volksbrauch im Sterberitus gewesen sein kann.

Mit dem Spätmittelalter und der Reformation verliert sich auch in den mir heimatlich näher liegenden und in ihrer Kulturgeschichte wie in ihren von der Volkskunde beobachteten Traditionen zumal der Barockzeit[50] anscheinend mehr und mehr das – vielleicht so zu benennende – „Sakral-Interesse" an Ausprägungen des Religiös-Geistlichen in der sogenannten „Volkskultur". Das muß dann auch Wesen und Funktion wie Symbolverstehen einer „Sterbekerze" betreffen und – dafür als eine Voraussetzung – das „Legenden-Wissen" um jenen „Palmzweig aus dem Paradiese" in der Hand des Todverkünder-Engels wie in jener des Marien-„Sohnes" Johannes des Evangelisten. Dennoch sind Kerzen als „Reliquien" nicht ganz so selten, wie man annehmen möchte. Man denke hier an den „Reliquien-Sammler" Karl IV. als böhmischen König und deutschen Kaiser (seit 1346 bzw. 1355).[51]

So ergab sich z. B. aus den Ende 1997 erstmals veröffentlichten „Konsekrationsberichten" für die früher zu St. Andrä im Lavanttal (politischer Bezirk Wolfsberg, Kärnten) von 1228 bis 1858 bestehende Diözese Lavant[52] manches Unerwartete und doch Aussagekräftige in Sachen „Reliquien-Kult".[53] Vielenorts sind ausdrücklich so benannte „Marien-Reliquien" (Haare, Kleider, *pallium, peplum,* Schuhe usw.) in den Kirchenurkunden aufgezählt. Dies also in den über die heutige Steiermark, über Kärnten und die historische Untersteiermark (slowen. Štajerska) verstreuten Kirchen der Alt-Diözese Lavant. Sie sind übrigens weniger in ihrer *mensa* als vielmehr in der *stipes,* dem Altaraufbau als Reliquiengrab eingefügt.

In der Pfarrkirche St. Johann B. und St. Martin zu Stadl an der Mur (Bezirk Murau, Obersteiermark) wird urkundlich am 7. XI. 1510 ausdrücklich unter den Reliquien (von Kleidern der Jungfrau Maria, der hl. Katharina, Cäcilia und Gertrudis) auch „Wachs von der Kerze“ aufgezählt, „die vom Himmel aus in Jerusalem entzündet“ wurde: *de candela celitus incensa Jerosolymis.*[54] Im kärntischen St. Leonhard im Bade (*zum guttn Wasser in der Sirenitz*), heute Benesirnitz (Bezirk Klagenfurt Land) finden sich urkundlich am 31. VII. 1535 unter solchen „Reliquien“, wie einem Kreuzholzsplitter, einem Stein vom Sinai-Gebirge, einem Stück von einer Bischofs-*casula*, auch „Wachs, gemischt von der seligen Jungfrau Maria“ (*de Beata Maria virgine cera commixta*).[55] Das erinnert mich an meine eigene Kindheit, als meine Mutter in den gerade für uns darbende Eisenbahnerfamilie so harten späteren Jahren des Ersten Weltkrieges sorgfältig die Reste von den abgeronnenen Tropfen jener Kerzen zusammenkratzte und „beimischte“, die brennen mußten, wenn uns das teure Petroleum ausgegangen war. Noch gab es in meiner Kindheit kein elektrisches Licht in der Arbeiterwohnung. Da galt also auch Maria als so „sparsam“, daß sie die erkalteten Kerzentropfen, bei uns daheim wohl aus Stearin und gewiß nicht aus dem immer kostbaren Bienenwachs, sammelte und „mischte“.[56] Reliquien der „Haare Mariens“ werden immer wieder genannt (*de crinibus*). So für Keutschach (Bezirk Klagenfurt Land) und, zusammen mit einer Kreuzholzpartikel, 1544 zu Pölling-St. Margaret in Tschrittes (Bezirk Völkermarkt, Unterkärnten) in einer bereits 983 geweihten Lavanter Kirche.[57]

Näher an unser Thema gemahnen „Reliquien von Mariens Bahre“. So z. B. *de ligno feretri* zu St. Veit a. d. Glan (Kärnten) wie zu Eisenerz (Steiermark) in einem Altar der Hauskapelle des kaiserlichen Rates Hawg (Haug). Hier befanden sich laut Urkunde vom 4. VIII. 1512 „Reliquien von der Marienbahre“ und auch von „Mariens Milch“ (*de ligno feretri virginis Marie, de lacte eiusdem*), auch sogar von den „Unschuldigen Kindern“ (des Herodes-Mordbefehls) wie von den „Elftausend Jungfauen“ (der hl. Ursula).[58]

Da konnten in der naiv-unkritischen Reliquienfreude vor allem des Spätmittelalters die uns ganz besonders hier interessierenden „vom Stein, auf dem Maria jenen Palmzweig (als Ehrenzeichen und Sinnbild der Todesanzeige) empfing“, nicht fehlen: *de lapide ubi virgo Maria recepit palmam.* Dies unter dem 11. VII. 1512 in der Pfarrkirche St. Nikolaus in der Fladnitz a. d. Teichalpe (Bezirk Weiz, Steiermark). Übrigens gleich zweifach: am Hochaltar und am linken Seitenaltar. Beide Reliquien zunächst mit je einer „von der Geißel gegen Christus" (*de flagello, quo Christus fuit percussus*) und dann mit (Stein-)Reliquien vom „Grab des Herrn, von seinem Geburtsorte, vom Calvarienberg, vom Stein, von dem aus Christus den Hl. Geist ausgesendet" habe.[59]

So reihen sich in Fülle die spätmittelalterlich-frühneuzeitlichen Nennungen von „Reliquien", beurkundet in den Konsekrationsberichten der Alt-Diözese Lavant, aneinander: von Mariens Kleidern (*de pallio, de veste, de tunica*), allgemein *de veste, de vestibus* an bis zu solchen Absonderlichkeiten wie „vom Holz der Bahre", vom „Stein, auf dem Maria den Palmzweig empfangen" habe, wie bis zu einem Glase, „aus dem Maria getrunken" habe (*de vitro, ex quo beata virgo bibit*) oder aus ihrem „Grabmal" (*de sepulchro beate virginis*). Beides ist vermerkt unter dem 8. VII. 1512 zu Kraubath (Bezirk Leoben, Steiermark) an der Mur.[60]

Kein Bildwerk des Mittelalters, auch noch kaum eines seiner Spätzeit steht, wenn es sich um ein „religiöses" Thema handelt, für sich allein. Es richtet sich aus nach dem in den Heiligen Schriften Ausgesagten. Wie in jeder Buchreligion ist es auch im Christentum so. Aber oft bezeugt das Bild das zeitgleiche oder das kurz vorangegangene Ringen um Lehrsätze der Theologie. In breiterem Rahmen ist es die allgemein zugängliche Hagiographie der Gottesgelehrten wie jener der Erzählfreudigen mit deren Willen zum „Verkünden" als κήρυγμα in den *Homilien*, den *sermones* mit dem reichen Schatz an Motiven der „nichtkanonischen", dennoch aber sehr geliebten oder zumindest geduldeten und immer weiter gestalteten Erzählwelt der Apokryphen und Legenden.

Das aus früheren Jahrhunderten des Christentums übertragene Erzählerbe wird sozusagen „aufgewertet", wenn es etwa herangezogen werden kann beim Ringen um theologische Ansichten, ja um Neuprägungen von Lehrsätzen, die sich nicht mit aller Sicherheit aus den „kanonischen" Schriften ableiten und begründen lassen. Das war eben auch bei jenem Pseudo-Melito von Sardes der Fall, der von sich aus das (nicht „kanonisch" berichtete) „Entschlafen der Gottesmutter" und ihre „Himmelfahrt" zu erzählen unternommen hatte. Wesentlich aus dem dort Berichteten ging ja, wenn auch nur im Bereich der Romkirche, in das dort 1950 verkündete Dogma ein.

Auch für den lateinischen Westen kommt für die hier gleichfalls frühe und reich aufblühende Legendendichtung eine von sich aus „Bildgedanken" weckende Fähigkeit hinzu. Sie drängt beinahe darauf, das im Wort Erzählte als (in seiner *veritas* nicht angezweifelte) Geschehen in Farbe und Form, jedenfalls in sinnlich Wahrnehmbares umzusetzen. Neben dem Nachwirken der griechischen und der früh übersetzten lateinischen Versionen des Pseudo-Melito kommt vor allem eine überaus weit verbreitete lateinische Versdichtung zum Zug. Sie wird vom Mittelalter an lateinische und volkssprachliche Dichtung um Mariens Entschlafen und ihre Himmelfahrt bestimmen. Damit wird sie aber auch das frühe Wissen über die dem lateinischen Empfinden ursprünglich fremde Bedeutung des Palmzweiges und seiner Funktion auch bei den Bildgestaltern wach erhalten.

Es geht also um die 1888 erstveröffentlichte „Vita beatae virginis et salvatoris rhythmica".[61] Auch wenn es schon eine sehr große Anzahl von Handschriften dieser „Vita" seit ihrer Abfassungszeit in der ersten Hälfte des 13. Jahrhunderts und der ersten Druckausgabe von Adolf Vögtlin 1888 gibt, der sich auf eine wesentlich kleinere Anzahl von Handschriften ab jenem 13. Jahrhundert hatte stützen können, gilt sie heute als „zwar unbefriedigend, aber doch ausreichend für die Zwecke weiterer Forschung".[62] Das Werk, hinsichtlich der Versform angesprochen als „Kuriosum ... gereimte jambische Septenare mit freiem Auftakt und Akzenten nach dem Vorbild des deutschen Reimpaars", enthält in seinen vier Teilen mit zusammen 8031 Versen eben auch jenen letzten Teil mit dem Bericht von Jesu Auferstehung und Mariens Himmelfahrt. Den möchten wir uns nun mit kurzen Auszügen über unsere Frage nach Sterbekerze und Palmzweig-Ritual näher ansehen, auch wenn der „künstlerische Wert" als nur „„mittelmäßig" gilt.[63]

Für uns zählen diese so auch lateinisch zwischen die Versgruppen gesetzten Inhaltsangaben S. 239ff: *De obitu et assumptione Marie virginis* (Vers 7120–7161). Vom *angelus* ist die Rede, den Jesus ausgeschickt hatte, Maria ihr Hinscheiden zu verkünden. Der grüßt sie als die in ihrem Gemach (*cubiculum*) Betende mit seinem *Ave*: Am dritten Tage werde sie „dieses Leben verändern und in den Himmel hinüber gehen": ... *vitam hanc mutabis / In celumque per filium assumpta transmigrabis*. Genau ist hier die griechische μετάστασις im *transitus* übersetzt. Zum Zeichen dafür bringt der Engel den Palmzweig: *In huius rei signum tibi palmam hanc portavi / Tibi quam a filio missam assignavi.* Das Zeichenhafte des „von Jesus gesandten" Palmzweiges wird betont. Von Engeln genäht sei das Kleid zum Begräbnis. Das aber werde „sicher und würdig vor sich gehen und nicht von den *Judei impii* entehrt werden". Damit ist jener Frevel schon vom Botenengel mitangekündigt. Die „über die ganze Welt hin verstreut lebenden" Apostel würden kommen, und auch Jesus selber werde „herabsteigen, die Seele seiner Mutter aufzunehmen, in den himmlischen Hof (*curia*) zu tragen" und sie „über die Chöre der Engel" erhöhen.

Damit ist der ganze vierte Abschnitt der lateinischen Reimvers-Dichtung angekündigt. Nur knapp heißt es (V. 7162f.), daß der Engel den Palmzweig und das Sterbekleid übergibt und selber „zum Himmel zurückkehrt"; daß er Maria „getröstet" und voll Freude über das Versprochene zurückläßt.

Die nächsten Versgruppen (V. 7166–7187) berichten davon, daß Maria ihre *sodales* vom Engelsbesuch in Kenntnis setzt, ihnen Palme und Sterbekleid zeigt; daß diese Frauen zu weinen, bitter zu klagen anheben und schließlich Maria selber „weint" *ex compassione sociarum suarum.* Dann erst kommt Johannes zur weinenden Gottesmutter (7188–7223). Auch er beginnt zu weinen. Doch Maria zeigt ihm Palme und Sterbekleid: *Palmam atque vestimentum demonstrat ei.* Auch er erfährt vom Datum des bevorstehenden Hinscheidens der Gottesmutter. Maria übergibt Johannes die Schriften, die Jesus ihr vor seinem Leiden übergeben habe: ... *multa / Quae manu sua scripserat filius occulta / Sibi que reliquerat ante passionem / Quorundam ad misteriorum revelationem.* Doch auch hier geht nichts Genaueres aus dieser nur in den Apokryphen „angedeuteten" *carta* als Christi Vermächtnis hervor.

Maria bittet ausdrücklich ihren „Sohn" Johannes, er möge „ihren Leib im Tode beschützen: daß er nur ja nicht in die Hände der *infideles Judei* fallen möge". Er „solle auch nicht zum Anblick den Hohenpriestern und Pharisäern preisgegeben werden, wie jene es ihr angedroht" hätten: *Ergo precor, ut in morte meum custodire / Corpus velis, et non sinas illud pervenire / Ad manus infidelium horum Judeorum, / Nec ad aspectum principum nec phariseorum, / Quia mihi saepius minati sunt dicentes* ... Johannes verspricht, daß dieses nicht geschehen könne, denn Jesus werde selber kommen, sie zu schützen: (V. 7218–7223): *In tuo dilectissimo filio confide, / In suisque fidelibus promis-*

sis non diffide, / Qui se promisit ad tuum obitum venturum / Et tuum sanctissimum corpus protecturum, / A Judeis impiis hoc ne rapiatur, / Et ab infidelibus indigne ne tangatur. So wird also in der Reimversdichtung des 13. Jahrhunderts jener „Frevel" beim Begräbnisgang Marias sozusagen als völlig unmöglich hingestellt und damit wie in einer Spannungssteigerung auf die Szene vorausgedeutet.

In der Folge kommen – „vom Hl. Geist gerufen" – die Apostel und die anderen weit über „alle Grenzen der Welt verstreuten Jünger". Sie wurden „durch die Lüfte nach Jerusalem getragen". Nun treffen sie vor dem Hause der Jungfrau ein. Maria und Johannes sehen sie vor der Türe und begrüßen sie. Die Apostel und die anderen Jünger treten in das Haus der Gottesmutter, „und alle beteten sie kniend an" (*Et eam flexis genibus omnes adorabant*). Mithin geschieht dieses in einer „kirchlich" nicht möglichen Ausdrucksweise der *adoratio* an Stelle der *veneratio.*

Auf ihrem Bette liegend (*lectulo decumbens*) begrüßt Maria jeden einzelnen und berichtet, was ihr Sohn ihr aufgetragen hatte. Wieder fleht sie die Jünger an, sie „mögen ihren Leichnam bewachen, daß er nicht geraubt würde", nicht „verspottet von den Treulosen". Bis zum dritten Tage mögen die Apostel bei ihr bleiben und auch die Nächte durchwachen. Da beginnen auch die Apostel zu weinen. Aber sie rufen Maria auch in Lobsprüchen an wie in den *invocationes* der Jahrhunderte später aufgekommenen, erst 1587 „approbierten" *Lauretana,* der weitaus wichtigsten Marienlitanei der Gegenreformation, der Barockzeit und auch noch der katholischen Gegenwart.[64]

In der Folge (V. 7302–7327) erscheint Christus selbst mit großem Engelsgefolge beim Hinscheiden (*obitus*) seiner Mutter. Das Haus ist mit süßem Duft erfüllt, die „Heiligkeit" des Ortes und der in ihm Wohnenden zu betonen.[65] Mariens Bett erstrahlt in hellem Glanze: *splendore magno virginis lectulusque circumdatur.* Jesus lädt seine Mutter zu sich ein und will sie in den Himmel aufnehmen. Maria vertraut sich ihrem Sohne an. Sie entläßt ihre Seele in seine Hände. Diese ihre *anima* nimmt Christus mit sich „in den Himmel" und weist ihr dort den Ehrenplatz zu seiner Rechten an. Von den Problemen der späteren Theologie mit „Seele" und „Leib" ist hier nichts zu verspüren. Der Erzengel Michael[66] aber erteilt den Aposteln den Auftrag, sie mögen den Leichnam Mariens (der also von ihrer *anima* getrennt gedacht ist) mit großer „Ehrfurcht" (*reverentia*) beisetzen und „bis zum dritten Tage bewachen". Solange, bis der Herr selber zurückkommen werde, ihn (*corpus illud*) aufzunehmen und in seine Herrlichkeit zu führen (V. 7328–7333).

Da nun beginnt die Schilderung der Begräbnisordnung, wenn die Apostel den Leichnam (*corpus*) Mariens zum Grabe im Tale Josaphat tragen; wie Frauen und Jungfrauen den Leib der Gottesmutter mit dem vom Engel ihr gebrachten Kleid versehen und ihn „weinend und trauernd" auf die Bahre (*feretrum, archa*) legen. Johannes trägt dann vor der Bahre jene Palme, die Jesus durch den Engel für seine Mutter bestimmt hatte (V: 7340f.): *Johannes ante feretrum palmam deportavit, / Jesus quam per angelum Mariae destinavit.*

Darauf folgt erst (V. 7346–7381) der versuchte „Frevel" am Leichnam Mariens: *Quod Judei volebant corpus Marie dejicere.* Die Juden hören den lauten Psalmgesang und erfahren, wer hier *cum tali symphonia* zu Grabe getragen werde. Sie hören die Aufforderung, „schnell zu gehen, die Bahrträger niederzumetzeln (*occidere*), den abgeworfenen Leichnam unter die Erde zu bringen" (*dejectum corpus hoc ad terram confundamus*). Der „Allerfrechste" (*protervior unus*) bleibt in dieser lateinischen „Vita" des 13. Jahrhunderts namenlos. Er legte seine „gottlos verruchten Hände" an die Bahre und erleidet das so oft erzählte und so häufig bildlich dargestellte Strafwunder. Indes werden die übrigen „alle mit Blindheit geschlagen".

Unter Tränen wendet sich der Frevler in seiner Not an die Apostel, zumal an Petrus. Der möge ihm jetzt helfen, so wie er (der Frevler) ihn damals, nach der Gefangennahme Christi vor der ihn argwöhnisch anschauenden und beschuldigenden „Türhüterin" (*ostiaria*) im Praetorium gerettet haben will (nach Petri erster, von Christus ihm vorausgesagten „Verleugnung" bei Joh. 18,17f.).[67] Auch hier wie in allen anderen Versionen der Apokryphe geht Petrus auf diese (also evangelienbezeugte) Szene nicht ein. Er empfiehlt dem Unglücklichen nur, der solle sich von der *perfidia judaica*[68] abkehren und „den von der Jungfrau Geborenen" anerkennen. Das geschieht: der bestrafte Frevler wird gesund und bekennt, daß „Jesus der Sohn Gottes" sei.

Die aus den griechischen Versionen über die Wunderkraft jenes βϱαβεῖον-Palmzweiges bekannte Szene wird auch hier im lateinischen 13. Jahrhundert in die „Vita rhythmica" als dieser Abschnitt eingefügt: *Quod Judaeus portavit palmam ad civitatem* (V. 7382–7395). Petrus übergibt dem Wiedergesundeten die Palme. Er solle sie „in die Stadt“ (Jerusalem) tragen, sie dort den „Hinfällig-Kranken, den Schwachen und Ermatteten, den Blinden, Stummen und Tauben wie den Lahmen auflegen. Sie werden davon gesund, wenn sie an Christus und an seine Majestät glaubten ...“ Dies bewahrheitet sich für jeden Gläubigen, wenn ihn „jene Palme einmal und nur leicht berührte ...“. Jeder wurde von seinem Leiden durch Mariens Kraft geheilt: *per virtutem virginis Mariae curabatur.*

Von einer „Sterbekerze“ ist hier in der lateinischen *vita rhythmica* an keiner Stelle die Rede. Umso ausführlicher wird vom „wunderkräftigen“ Palmzweig – *brabeion* – aus griechisch vorgeprägtem Apokryphen- und Legenden-„Wissen“ in diesem frühen 13. Jahrhundert erzählt.

Die *vita rhythmica* schließt ihren Bericht über den *obitus, transitus,* die *assumptio* Mariens mit der Versicherung, daß der weitere Begräbnisweg durch eine „weiße Wolke ... beschützt“ war, die sich „über die Bahre und ihre Träger legte“. Das Grab für den „jungfräulichen Leib“ wird ausführlich beschrieben. Ebenso wird die Beisetzung im „Sarkophag“ unter Gebet und Hymnengesang eingehend geschildert, so wie die Wiederkehr Christi am dritten Tag nach dem Entschlafen seiner Mutter. Nun erst nimmt Jesus den „Leib“ Mariens, ihn im Himmel wieder mit der „Seele“ zu verbinden. Auch daß der verspätet gekommene („ungläubige“) Thomas (Joh 20,27–29) der Beisetzung, wenn auch etwas abseits vom Grabe und von den Aposteln, beiwohnt, wird noch aus den gängigen Apokryphen hier lateinisch in Verse gesetzt (V. 7442–7477). Thomas erbittet von Jesus ein „Zeichen“ (*signum*), daß er der von ihm geschauten Aufnahme Mariens in den Himmel glauben könne. Wirklich fällt aus den Wolken jener – ab dem 6. Jahrhundert in Konstantinopel so sehr als „Reliquie“ verehrte – „Gürtel“ (ζώνη), hier als *velum quo procincta fuit virgo,* den Apostelbrüdern zu zeigen an Hand dieses *velamen/quod Marie corporis fuerat ligamen*; daß also Maria in den Himmel aufgenommen sei. Dieses *velum,* hier auch *pannus,* erkannten die Apostel. Sie öffneten das Grab und fanden Mariens Leichnam nicht mehr darinnen ... Also verschlossen sie den Grab-*tumulus* wieder. Der Hl. Geist aber entführte (*levavit*) jeden in jenes Land, aus dem er zum Begräbnis gekommen war. Ausführlich schildert die *vita rhythmica* die neun Himmel, durch die Maria zu ihrer Herrlichkeit als Abschluß der Dichtung (V. 7473–8031) gehoben wird. Darnach wird sich unter den mittelhochdeutschen „Marienleben"-Dichtern am engsten Konrad von Heimesfurth sehr bald darauf um 1225 richten.

Wo nun diese lateinische Legendendichtung der „Vita beatae virginis Mariae et Salvatoris rhythmica" entstanden ist, etwa in Istrien oder in Friaul, von einem Deutschen oder einem Romanen in Versen erzählt, das hat sich mangels urkundlicher Nennungen und ausreichend außerlateinischer volkssprachlicher Bezeichnungen nie klären lassen. Man glaubt heute wegen so besonders dichter Streuungen von Handschriften im Südosten des deutschen Sprachraumes, dieses Werk sei „von einem Deutschen geschaffen ... in einem östlichen Lande des oberdeutschen Sprachgebietes".[69] Diese „Vita rhythmica" hatte jedenfalls eine außerordentliche Breitenwirkung in der mittelhochdeutschen religiösen Dichtung des späteren Mittelalters. Von ihr soll noch in Auswahl gesprochen werden.

Das gleiche 13. Jahrhundert, das sich in jener „Vita ... rhythmica" inhaltlich ganz der Tradition jener griechischen und lateinischen Apokryphen, beginnend mit dem Pseudo-Melito von Sardes, auch des „Marientodes" und ihrer „Himmelfahrt" dichterisch annimmt, hat sich auch theologisch mit jener ursprünglich griechischen Apokryphe und dem schon ins Latein genommenen „Liber Transitus Mariae" aus dem 4./5. Jahrhundert befaßt. In einem historisch ausgerichteten vierten Teile seiner aus etwa zweitausend Quellen zusammengestellten Enzyklopädie sehr vieler Wissenschaften, benannt als das „Speculum maius", im besonderen „Speculum historiale", fühlt sich der gelehrte Dominikaner und Bibliothekar am Hofe Ludwig IX. (des „Heiligen"; reg. 1226–1270), Vinzenz von Beauvais (um 1184/94 bis 1264) bemüßigt, sich mit dem *Miletus Smyrnae episcopus*, also mit unserem Pseudo-Melito von Sardes, anzulegen.[70] Er stellt fest, daß Melito wohl das aufgeschrieben habe, was er vom Apostel Johannes gehört haben mochte. Aber dann wendet sich Vincentius Bellovacensis scharf gegen einen *Leuncius* (gemeint dürfte doch wohl der streitbare Mönch-Theologe Leontios von Byzanz, gestorben vermutlich zu Konstantinopel 543, sein[71]), der nach Vinzenz von Beauvais „in geistiger Verwegenheit vom Wege der Gerechtigkeit abweicht, viel Wahres über die Leistungen, Tüchtigkeit der Apostel zu berichten weiß, über deren Lehre aber viel gelogen hat".[72] Und das betreffe eben gerade den *transitus Mariae*. An sich aber erzählt Vinzenz von Beauvais selber genau das, was aus jenem

Pseudo-Melito längst bekannt, sicher allgemein bei den Nicht-Theologen auch als „wahr" geglaubt wurde.

Das betrifft den *ramus palmae de Paradiso,* die überaus „leuchtende Palme" (*quae nimia claritate fulgebat*), die mirakulose Herbeiholung der Apostel in Mariens Haus. Es geht weiter bis zum „Frevel" beim Begräbnisgang Mariens, wobei Johannes die „Palme des Lichtes der Bahre vorantrug". Der *Princeps Sacerdotum in suo ordine, furore et ira repletus,* stellt den Frevel an, erleidet das Strafwunder, wendet sich bittend an Petrus. Doch der lehnt auch hier ab: *non est meum, tibi dare auxilium.* Es folgen Bekehrung und Gang des *per miraculum* Geheilten mit dem Palmzweig in die „Stadt" mit dem durch den Palmzweig erwirkten Heilwunder. Dies alles nach den seit Jahrhunderten geläufigen Texten, ausgenommen eine seltsame Stelle. Beim Grabmal fragt Christus seine Apostel: „Was wollt ihr, daß ich tue?" Sie aber wagen es zu sagen: „wenn es in der Macht ... seiner Majestät stehe, möge er ihnen, seinen Dienern, so wie seine (Christi) Auferstehung nach Besiegung des Todes auch diesen Körper (Mariens) aufwecken und in den Himmel führen, es ihnen sichtbar machen ..."[73]

Dem stimmt Christus zu: „Es geschehe nach Eurem Willen!" Michael wird beauftragt, die Seele Mariens wegzunehmen. Gabriel muß den Stein vom Grab wegwälzen. Dann spricht Christus sein *Surge, amica mea!* Sofort steht Maria im Grabe auf, fällt Christus zu Füßen und „betet ihn an". Christus aber „küßt die Apostel und entschwindet in den Himmel. Maria wird „ins Paradies" (!) gebracht. Die Apostel werden in Wolken gehüllt und kehren in ihre Länder zurück.

Diese Formulierung, daß Mariens Leib „ins Paradies" gebracht wird, ist hier von besonderer Bedeutung. Vinzenz von Beauvais betont ausdrücklich[74] sowohl, daß diese „Geschichte" (*historia*) als Apokryphe eingeschätzt werden müsse, dennoch aber „fromm erscheine, zu glauben sei und denen, die daran glauben, nützlich zu lesen". Für sich selber aber will Vincentius Bellovacensis nicht an die „leibliche Aufnahme Mariens in den Himmel glauben". So wie es die hier erzählte Geschichte meint, könne es „die Kirche nicht für sich annehmen". Sie tut dies eben erst im Jahre 1950.

Die weitere Tradition kommt in einer Vielzahl von Dichtungen zum „Marienleben" und dessen Abschluß in der „glorreichen Himmelfahrt" in immer breiteres Bewußtsein. Das wird gewiß nicht beeinträchtigt von den „Bedenken“ des Polyhistor-Theologen Vinzenz von Beauvais. Doch diese Nachwirkung der „Vita Beatae Mariae virginis et Salvatoris“, die weit über das Mittelalter hinausreicht, braucht hier nur angedeutet zu werden. Von theologischer Seite wird sie heute sehr distanziert beurteilt als „ein Sammelbecken, in das apokryph-legendäres Erzählgut aus unterschiedlichsten und teilweise auch recht dubiosen Quellen zusammengeflossen ist, das der Verfasser kritiklos, doch in gläubiger Verehrung der Gottesmutter zu einer schier endlosen Kette wundersamer Begebenheiten fügt“.[75]

Wir können hier manches übergehen, das für Germanistik und Literaturwissenschaft auch aus sprachlichen Gründen mit Vers- und Reimformen beachtenswert ist wie das „Grazer Marienleben“ aus der Mitte des 13. Jahrhunderts, wie jenes des Walther von Rheinau aus dessen Ende. Auch das „nicht vor 1382“ entstandene „Marienleben“ des Nordost-Schweizers Wernher gehört hierher. Dazu noch ist die schon im frühen 12. Jahrhundert im Raum von Köln entstandene „Mittelfränkische Reimbibel“ zu zählen. Sie erweist sich, wenn auch nur in Bruchstücken erhalten, doch nur als eine Art Versifizierung des Pseudo-Melito von Sardes.

Selbständiger als alle seine Vorgänger und Zeitgenossen hat etwa um 1225 der schwäbische Dichter Konrad von Heimesfurth dem „Volke“, das ja des Lateins unkundig war und blieb, in seiner „Hinvart“ Mariens nach dem „Transitus Mariae“ zu erzählen verstanden. Dies geschah keineswegs sklavisch daran gebunden.[76] Der Dichter der 1029 deutschen Reimpaarverse ist vermutlich ein Geistlicher: Chuonrat de Hennersfurt (heute: Hainsfarth bei Oettingen im Ries). Sein Name wird zwischen 1198 und 1212 urkundlich genannt als Ministeriale des Bischofs Hartwig von Eichstätt. Auf jeden Fall hatte dieser Konrad von Heimesfurth die dichterische Kraft zu Ausschmückungen des oft breit ausholenden Berichtes nach Pseudo-Melito und dem „Transitus Mariae“. Beide blieben sachlich unverändert. Doch sie erscheinen „belebt“ durch gutgewähltes Einbeziehen von Vertrautem aus dem Alten Testament, aus den Evangelien wie aus der ihm eben auch als vermutlich Kleriker zugänglichen lateinischen Hagiographie.

Es lohnt sich, an unserem Motiv des Palmzweig-Ritus im „Marientod“ zu zeigen, wie Konrad von Heimesfurth beim „Erzählen“ in mittelhochdeutschen Reimpaarversen dabei verfährt. Die Episode setzt mit V. 359 voll ein: Gott „beginnt“ mit einem Wunder. Er läßt Johannes, der in Ephesus „eine Messe sang“, durch einen Engel nach Jerusalem vor das Haus der „Königin der Engel“, „schnell, sanft und leise“ in der mirakulosen ἁρπαγή, dem *raptus* überführen. Maria und Johannes sind glücklich über die (unverhoffte) Begegnung. Schon berichtet Maria vom Engelsbesuch bei ihr, von seiner Vor-Ankündigung ihrer *hinvart.* Johannes darf *den palmen und die wât,* das kostbare „Sterbekleid“, sehen und erfahren, daß Jesus sie *selbe welle sehen, / ê mîn hinvart sül geschehen.* Sogleich wird das Palmzweig-*signum* und sogar ausführlich als „von hellem Licht umflossen“ geschildert (V. 391–402): *der palme harte zierlich was, / der stam grüener danne ein gras / oder iht daz gelfe grüene hât. / sô des morgens ûf gât / der liehte stern vor tage fruo, / dâ gelîchet sich vil nâhen zuo / daz obez von dem glaste. / diu löuber an dem aste / widerstiezen menschen sehen, / sô starchez lieht gap ir brehen. / niemen gesach vor der zît / sô schoenen palmen noch sît.*

„Wie ein Wind, der durch das Fenster weht“, kommen *die einlef nôtgestallen,* die Apostel, auch wenn sie selber nicht wußten, wie und warum, durch jenes im Mittelalter zumal in den Befreiungslegenden so sehr beliebte Motiv von ἁρπαγή und *raptus.* Maria zieht *daz snêwîze rechleit* (Sterbekleid) an, das ihr der Engel gebracht hatte. Sie betet und bittet ihren Sohn: *mîne sêle enpfilhe ich dir / und schaf ir, herre, solhe phlege / daz ir iht griulîchez an dem wege / erschîne den si varn sol.* Das verspricht ihr Sohn. Sie möge beruhigt sein: *du enstirbest niht nâch menschen site* (V. 538).

Sanft entschläft die Gottesmutter. Jesus „lehrt“ seine Jünger, wie sie sich der Entschlafenen annehmen sollen: zwei Nächte sollen sie „wach“ bleiben; am dritten Tage werde der Herr selber kommen: „Was ihr dann mich bittet oder was Ihr anordnet (*gerâtet*), das geschieht (V. 554f.). Dieser *passus,* nach dem die Jünger sozusagen über das Kommende „mitentscheiden“ sollen, bleibt immerhin bemerkenswert, wenn man an Ähnliches bei Vinzenz von Beauvais denkt. (S. oben S. 37)

Die Jünger richten die Bahre. Nur „Süße“ geht vom Leichnam aus. Die Entschlafene sieht nicht einer Toten gleich. Die Jünger „stritten“, *wer den palmen trüege.* Petrus und Paulus wollen es nicht. Sie halten beide Johannes für den Würdigsten: *vil reiner bruoder … den palmen unterwint du dich.* Zu viert würde man die Bahre tragen. Die anderen *die gên zühteclîchen bî.*

Breit wird der „Frevel“ geschildert. Der Täter „bekehrt“ sich. Er wird darob von den Folgen des Strafwunders geheilt. Wieder kommt es hier zur Ausweitung der Begräbnisszene mit dem Auftrag des Petrus an jenen Geretteten, von Johannes den Palmzweig zu nehmen (V. 796–807): *den palmen den er dâ hât / und in vor der bâre treit, / „den nim und büeze disen ir leit / die dort von unsers herren chraft / mit maniger nôt ligent behaft. / die dâ gelouben an got / und gerne leisten sîn gebot / die bestrich dâmite und sint genesen; / und die dir widerbrüchig wesen, / der enrüere fürnamens einen niht, / sô gesihest dû wol was in geschiht“. / des was der jude vil bereit ...*

Den Leuten in Jerusalem „sprach er den ‚Glauben‘ vor“. Wer es ihm „nach sprach“, *zehant als er den bestreich / diu nôt von dem herzen entweich* ... Auch hier steht es wie in den Apokryphen: nur fünfe „glaubten nicht“: *sus machte er si in churzer stunt / âne fümfe gar gesunt, die versmaehten sîne lêre:* die mußten allerdings eines jähen Todes sterben.

Das Leichenbegängnis wird fortgesetzt. Zwei Tage und zwei Nächte wachen die Jünger beim Grabe.

Uns soll hier nur noch darzustellen bleiben, was einer der bedeutendsten geistlichen Dichter des deutschen Mittelalters, Bruder Philipp der Kartäuser[77], in seinem „Marienleben“ zu unseren Fragen um den Palmzweig, das βραβεῖον/*bravium* und zu seiner so besonderen Wunderkraft zu sagen hat. Bruder Philipp der Kartäuser hat sein „Marienleben“, das 10.131 paarweise gereimte mittelhochdeutsche Verse umfaßt, vermutlich in der alt-untersteirischen Kartause Seitz (slowen. Žiče) (gegründet 1164 von Markgraf Otakar II., aufgehoben unter Kaiser Joseph II. 1782) nahe der Deutschordensniederlassung Gonobitz (slowen. Slovenske Konjice) in der Zeit vor 1316, also seines Wegganges in die Kartause Mauer bei Wien, niedergeschrieben. Wie eng aber auch er sich letztlich doch an den Pseudo-Melito und an die „Vita ... rhythmica“ gehalten hat, sollen die hier folgenden Auszüge aufzeigen.

Auch Bruder Philipp läßt das Motiv der „Sterbekerze“ völlig beiseite. Doch dem Palmzweig-Ritual gewinnt er wie seine Vorlage manches ab. Als Jesus beschlossen hatte, seine Mutter in das Himmelreich zu *enphan,* also ihr eine „Aufnahme“ zu gewähren, schickte er ihr einen Engel „mit einem Palmzweig und weißem Gewande, aus dem Paradies und aus dem Himmel genommen“ (V. 9200–9207): ... *zir er sande / einn engel von sîns vater lande. / Der braht ir einen palmen grüene / und ein gewant wîz und schoene. / in dem paradîs genomen / was der palme und ouch was komen / von dem himel daz gewant, / gemachte mit der Engel hant.*

Wörtlich betont der Überbringer-Engel, daß jenes „Gewand" und der Palmzweig zeichenhaft zu verstehen seien: *zeim warzeichen daz gewant* ... für ihr Grabgeleite ... *ouch der palme ein zeigen ist / daz du reine magt pist.* (V. 9232–9236f.). Als dann Johannes zu Maria kommt, berichtet ihm Maria vom Engelsbesuch: *im die palm und daz gewant / zeigt Maria mit ihr hant.* (V. 9244f.). Als die Jünger gekommen waren (auch hier fehlt zunächst nur Thomas), gibt Maria ihnen ihre Anweisung zum Begräbnis: *den lîcham* (sic!) *sult ir ouch bewarn.* Später kommt Jesus mit großem, singendem Engelsgefolge. Hier – wie so oft – stellt sich ein nicht von einer „Sterbekerze" geschenktes, sondern vom Jesusbesuch ausgehendes Lichterlebnis in Marias Haus ein: *in dem hûs ein lieht erschein, / groezer dann der sunne schîn* (V. 9324f.).

Erst wesentlich später wird von der Begräbnis-Vorbereitung die Rede sein: in ein weißes Tuch gehüllt wird Marias Leichnam auf die Bahre gelegt. Die Jünger: *den lîcham mit der bâre nâmend giengen gegen Josaphât / durch jerusalem die stat. / die palmen truoc der heilege man / vor der bâre sand Johan.* (V. 9372–9375). Nun erfolgt der Frevel-Insult durch einen Juden, der auch bei Bruder Philipp namenlos bleibt: *einer für die andern alle / lief her zuo mit grôzem schalle; / mit sînen henden an die bâre / greif er, daz wart im al ze swâre.* Beide Hände erlahmten an der Bahre, *die andern wurden alle blint / die hin zuo geloufen sint* (V. 9414f.).

Das wurde auch für Bruder Philipp zur Voraussetzung für ein weiteres apokryphes „Wunder" aus jenem Palmzweig. Jammernd wendet sich der bestrafte Frevler an Petrus, er solle ihm helfen, so wie er selber dem Petrus geholfen, ihn gerettet habe nach dem Begebnis auf dem Ölberg, als Petrus in Verteidigung des Herrn jenem Malchus das Ohr abgehauen hatte und damit selber in Lebensgefahr geriet (Joh 18,10). Petrus mahnt den Frevler, Maria um Hilfe zu bitten. Sie wird ihm auch gewährt: *an der stat und an der stunt / wart der selbe man gesunt.* (V. 9445f.). Petrus aber nimmt dieses Wunder der Rettung für den im Glauben Gewandelten zum Anlaß, ihn in die Stadt Jerusalem zu schicken, mit der „Palme" die ungläubigen Juden zu bekehren, die Kranken und die Blinden durch das Auflegen dieses mirakulosen Palmzweiges zu heilen: *Petrus sprach dô zuo dem manne / ,nim die palme von Johanne / und ginc enmitten in die stat /. Swer siechtuom an sîm lîbe hat / geloubet er an Jesum Christ, / der von der magt geboren ist, / den solt du mit der palme segen / und solt den palmen ûf in legen: / der wirt in der selben stunt / von sînem siechtuom gar gesunt.' / von sand Johann die palme emphienc / der man und in die stat gienc. / die siechen alle zuo im kâmen, / den segen von der palme nâmen / gelouben wolden daz / Jêsus Christ gotes sun was / und geborn von einer meide, / als man die palme ûf die leite, / die wurden in der selben stunt / von allem siechtuom gesunt. / die blinden wurden sênde / und die krumben gênde. / gesunt sî wurden und bereit / von der palme heilikeit.* (V. 9448–9471).

Damit endet bei Bruder Philipp dem Kartäuser in seinem „Marienleben", in der historischen Untersteiermark vor 1316 zu Ende geschrieben, die Apokryphen-Erinnerung an das βραβεῖον als „Ehrenzeichen" auch hier mit „Wunderkraft" in Gestalt eines Palmzweiges bei Todesankündigung, Begräbnisritual und Bewährung als „Heiltum" besonderer Art. Es ist nicht zu verkennen, daß Bruder Philipp keineswegs „originell" verfährt. Auch er hält sich wie eben weitestgehend alle anderen vor und nach ihm, die diese ja doch nur apokryphe Szenenfolge um das Leben und Sterben der Jungfrau Maria besingen, an eine im Mittelalter weitestverbreitete lateinische Dichtung, an die „Vita Beatae Marie Virginis et Salvatoris rhythmica" des 12. Jahrhunderts.

Bewußt ziehe ich hier mit den Erinnerungen an Bruder Philipp den Kartäuser mit seiner vor 1316 fertiggeschriebenen mittelhochdeutschen Versdichtung des „Marienlebens" einen Schlußstrich. Man könnte viel weiter noch tief ins 16. Jahrhundert gehen, die Spuren der Nachwirkungen jenes Pseudo-Melito, des Liber Transitus Mariae oder der Vita ... rhythmica nachzuzeichnen. Es bringt für unsere Frage nach der Bedeutsamkeit solcher Einzelmotive wie Sterbekerze und Palmzweig-Ritual um das als letztlich sogar „Wunder" wirkende Zeichen zuerst in der Hand des Engels, der Maria die Nachricht ihres Sohnes vom baldigen Abschied aus dem Diesseits und dem Übertritt in die Ewigkeit mit solch einem Zeugnis anzukünden hat, zu wenig, weil das den Rahmen dieser Studie sprengen müßte. Das bleibt vom frühen Christentum bis weit über das ganze Mittelalter in sich gleich im Wort der apokryphen Legenden wie im „erzählenden" Bilde.

So vereint ein Kupferstich z. B. in der zweiten Hälfte des 15. Jahrhunderts eine erstaunliche Menge von Einzelheiten der Traditionen um den „Marientod“. Er stammt vom niederdeutschen Meister dieser mit ihm berühmt werdenden Gattung „Kupferstich“, von Israhel von Meckenem (um 1440/50 bis 1503).[78] Maria liegt entschlafend auf einem Prunkbette unter einem Baldachin. Um sie herum die trauernden Apostel. Im Vordergrunde kniet (doch wohl) Paulus betend neben einer brennenden Sterbekerze. Sie steckt in einem großen, reich gestalteten Ständer. Daneben rechts im Bilde ein Möbelstück. Auf ihm ein Buch, eine Sanduhr, ein Becher. Hinter Paulus am Fußende des Sterbebettes St. Petrus mit Weihwassergefäß und Sprengzweig. Das Weihwasser gehört ja seit dem Spätmittelalter fest zur sakramentalen Sterbehilfe.[79] Ganz nahe bei Maria, die selber eine brennende Kerze in ihren Händen hält, Johannes mit dem besonders großen Palmzweig. Er neigt sich mit diesem βραβεῖον der Entschlafenden zu. Weitere Apostel hinter dieser Gruppe lesen aus einem Buche wohl die rituellen Sterbegebete. Einer bereitet das *thuribulum* für den Weihrauch.

Über diese motivreiche Darstellung der κοίμησις setzt Israhel von Meckenem noch eine kleine „Erzähl-Szene“: die Apostel tragen Marias Leichnam auf dem *feretrum*. Johannes schreitet wieder mit dem betont großen Palmzweig voran. Er wendet sich eben in dem Augenblick um, in dem der „Frevler“ seine Untat vollbringt.

So sind hier offensichtlich bewußt „erzählend“ so viele Einzelheiten aus der Pseudo-Melito-Transitus-Apokryphe in diesem einen Kupferstich vereint, der eben auch als „Quelle antijüdischer Bildformen“ gedeutet werden kann.[80] (Abb. 8)

Jüngste Forschungsergebnisse des Bielefelder Mediävisten Klaus Schreiner ergeben auch weitere Bildzeugnisse der Transitus-Überlieferung mit z. T. recht eigenwilligerVeränderung der apokryphen Textvorlagen. Solches ließ sich z. B. aus einem (nicht „öffentlicher“ Schau, sondern der persönlichen Erbauung gewidmeten) um 1240 geschriebenen und illustrierten „Stundenbuch des William de Brailes“[81] entnehmen. In eine S-Initiale zu Psalm 128 (*Saepe expugnaverunt me …)* sind neun Juden eingezeichnet; alle mit Blindheit geschlagen, weil sie die Jungfräulichkeit der Gottesmutter Maria geleugnet, nicht geglaubt hatten. Der Bildinhalt ist durch die französische Beischrift erklärt: *le guives aueaglerent.* In einer Initiale zu Psalm 130 (*Domine, non est exaltatum cor meum, neque elati sunt oculi mei* …) bittet einer der erblindeten Juden, daß Petrus ihn heilen möge. In der Bildszene einer weiteren Initiale (fol. 63^{v}) heilt Petrus diesen

Blinden, indem er ihm das Leichentuch vom Sarge der durch den Judenfrevel beim Begräbnis Insultierten auf die Augen legt. Nach dem Glaubensbekenntnis jenes Juden an die Messianität und Gottmenschlichkeit Jesu vollzieht sich das Wunder ausnahmsweise nicht durch die Berührung der Augen mit dem βραβεῖον/*vravium* des nunmehr wunderwirkenden Palmzweiges, sondern durch das Leichentuch der Gottesmutter.[82]

Bei einem weiteren spätmittelalterlichen Bildwerk des Frevels beim Leichenzug Marias, gemalt von einem (namentlich nicht bekannten) „Meister des Marienaltares", vermutlich um 1410/20 für die Nürnberger Frauenkirche, sind Petrus mit einem riesigen Schlüssel, seinem Hauptattribut, und Johannes mit dem Palmzweig bereit, den Frevler (Jephonias, Ruben), der unter der Bahre Mariens liegt, nach seiner „Bekehrung" zu „heilen".[83]

Bereits 1501, also zu Beginn des 16. Jahrhunderts, hatte der Augsburger Hans Holbein d. Ä. (1465 bis um 1520) den „Marientod" so gemalt, daß die Gottesmutter nicht im Stehen, Knien oder Liegen „entschläft". Hier gibt sie, strahlenumglänzt vielmehr auf einem Thronsessel inmitten der zwölf Apostel sitzend, mit gekreuzten Händen ihren Geist auf. Ein Ungewöhnliches besteht gegenüber den apokryphen Traditionen darin, daß also hier auch Thomas schon bei der *dormitio* dabei ist. Weihrauchfaß und Weihwasserkessel stehen im Bildvordergrunde zu Mariens Füßen. Johannes aber faßt mit seiner Rechten einen ziemlich großen Palmzweig. Seine Linke hält der Sterbenden eine brennende Wachskerze nahe. So war es nach den Ordinarien der Kirche seit dem 13. Jahrhundert vorgesehen, „daß die Sterbenden mit der Kerze in der Hand ihrem himmlischen Erlöser entgegen gehen".[84] Das allerdings begegnet auf den Bildern, findet sich jedoch nicht in den deutschen Texten zum „Marienleben" des Mittelalters.

Mühelos ließe sich auch diese Reihe der „Marientod"-Darstellungen mit Sterbekerze und Palmzweig-Ritual fortführen. Einschränkend ist nur zu sagen, daß diese Art κοίμησις-Bilder im Osten und im Südosten erheblich seltener begegnen als im lateinisch geprägten Westen mit der als Überfülle zu bezeichnenden großen Anzahl der Handschriften des Pseudo-Melito, des Transitus und der Vita ... rhythmica in der Hochsprache des Latein wie in den volkssprachlichen Nacherzählungen, Nachdichtungen.

Es war mir bei meinen Südostwanderungen mehrmals aufgefallen, daß es zwar viele „Marientod-Mariä-Himmelfahrt"-Darstellungen gibt auf Fresken und auf Ikonen, diese besonders zur Verehrung auf dem Betpult in der Kirchenmitte aufgelegt zum Marien-Hochfest am 15. VIII. (Ἡ Κοίμησις τῆς Ὑπεραγίας Θεοτόκου) bei den Griechen, bei den Serben, Slawo-Makedonen und den Bulgaren nach dem „alten" (vor-gregorianischen) Kalender am 28. VIII. als *Uspenije Presvete Bogorodice; Velika Gospojina* (Himmelfahrt der Hochheiligen Gottesmutter; Großer Frauentag). Aber fast immer suchte ich, zumal bei den vielen, oft sehr nachgedunkelten Wandmalereien, vergeblich den „Palmzweig". Erschien er, noch dazu, wo er im immer noch maßgebenden „Malerhandbuch" (des Dionysius von Phourna), seiner Ἑρμηνεῖα im Hauptabschnitt § 394 „Der Tod der Gottesgebärerin" (ἡ κοίμησις τῆς θεοτόκου) fehlt (s. oben Anm. 28) den Malern nicht markant genug in seiner Aussage? Immer wieder wiegt, wenn schon „Apokryphes" (ohne das es eine Darstellung des „Marientodes" mangels kanonischer Aussagen der Evangelien gar nicht geben kann) aufgenommen wird, das „lauter Sprechende" des „Frevels" an der Bahre der zu Grabe Getragenen stärker: das Niederreißen dieser Bahre, das Strafwunder am Frevler, womöglich eben dargestellt im Schwertstreich des lichten Engels (sogar ausdrücklich betont in jenem § 394 der *Hermeeneia*), das Elend des Jephonias, Ruben oder des namenlos bleibenden jüdischen Hohenpriesters in seinem Haß gegen die „jungfräuliche Mutter-Gottes".

Gelegentlich tritt an die Stelle des mit Sicherheit erwarteten *brabeion-vravium*-Palmzweiges eine übergroße Sterbekerze in der Wandmalerei. So z. B. als Fresko im Kloster Sopoćani, das der Serben-König Uroš I. (1242–1276) an der Quelle des Flusses Raška bei Novi Pazar in Serbien erbauen hatte lassen. Die dortige Dreifaltigkeitskirche aus dem 13. Jahrhundert bewahrt bis heute reiche Schätze der Wandmalerei eines namenlos gebliebenen Meisters aus dem 14. Jahrhundert.[85] Die Gottesmutter ist entschlafen. Christus nimmt ihre Seele als Fatschkind (serb. *dete u povoju*) an sich. Doch zu seiner Rechten und unmittelbar über dem Antlitz der Verstorbenen trägt nicht Johannes den Palmzweig. Vielmehr ist es hier ein Engel, so groß gemalt wie Christus. Der trägt eine gleichfalls betont große brennende Kerze so in seinen Händen, wie im Hintergrunde unzählbar viele Engel mit brennenden Kerzen, diesen *obitus, transi-*

tus, serb. das *uspenije Bogorodice* zu erwarten, zu begleiten, aneinander gereiht sind.[86]

Es ist auch für unseren Westen, aus dem hier schon eine Reihe von „Marientod"-Darstellungen auch im Bilde beigebracht sind[87], bezeichnend, daß dieser „apokryphe" Palmzweig „aus dem Paradiese", auf Christi Geheiß von seinem Engel an Maria überbracht, als *signum* von Jesu Vor-Ankündigung des baldigen Hinscheidens seiner Mutter und ihrer darauf folgenden Aufnahme in den Himmel, so wenig Aufmerksamkeit gewinnen konnte. Dabei erscheint es doch mehr als so manches andere Erzähl- und Bildmotiv „eingebunden" in die gerne ausgeweitete, kirchlich auch durchaus „geduldete" außerkanonische „Heilsgeschichte". Hier ließen sich in Fülle Motive wie Ochs und Esel an der Krippe, die Begegnungen und Wunder auf der Flucht nach Ägypten, die Namen und die Lebensschicksale der beiden „Schächer", *latrones*, bei der Kreuzigung auf Golgotha usw. anführen. Der „apokryphe" Palmzweig gewinnt ja, nachdem er Sinnzeichen des baldigen Marientodes gewesen war, mitgetragenes Symbol bei Mariens Grabgeleite, die ganz besondere Kraft des „Wunderwirkens" im Heilenkönnen der „vom Engel mit Blindheit Geschlagenen, dann aber doch an die jungfräuliche Mutterschaft Mariens für die Geburt des Messias Glaubenden, ihren Glauben auch Bekennenden". Aber diese Apokryphe wird auch seitens der Kunstwissenschaft und ihrer Ikonographie nicht sehr häufig erwähnt.[88] Das große deutsche „Marienlexikon" bringt 1993 zur „Palmzweig-Legende" nur wenig mehr als eine einzige Druckseite[89]. Das breitenwirksamste deutsche „Lexikon für Theologie und Kirche" nimmt in seiner schon dritten Auflage zu Freiburg i. B. überhaupt kein Stichwort wie „Palmzweig-Legende" oder „-Ritual" in seinen VII. Band 1998 auf.

So seien zum Abschluß dieser Studie noch zwei Beispiele aus dem Umgrund der mittelalterlich-religiösen Kunst aus den Südostalpen kurz vorgestellt. Beide gehören in den Bereich des an spätmittelalterlicher bildender Kunst so reichen 15. Jahrhunderts zwischen Südtirol und Kärnten.

Ein solches Gemälde, das sich seit 1926 in der National Gallery zu London befindet, wurde erst 1995 als „vergessene Marientod-Tafel" der an religiöser Kunst interessierten Welt in kluger Interpretation und mit hervorragend gelungenem Farbbild vorgestellt.[90] Das Bild (vgl. unsere Abb. 9) befand sich vor 1926 in der Sammlung

Vambianchini zu Trient. Man hatte es für spanisch, vielleicht genauer für „valencianisch“ gehalten.[91] Daran schlossen sich verschiedene Versuche, das Bild lieber einem Tiroler Meister des frühen 15. Jahrhunderts zuzuschreiben, wobei man auch an die „Nähe“ zu steirisch-kärntnerischen Meistern des Spätmittelalters erinnerte.[92]

Maria liegt im dunkelblauen, von Goldborten gesäumten *maphorion* unter einer roten, reich goldbestickten Bettdecke und auf einem gleichfalls prunkvoll goldenen „Bettlinnen“. Um sie herum sind die Apostel sichtlich zur Teilnahme an den Exequien versammelt. Hinter dem Prunkbette sind es elf. Einer von ihnen – und damit ist gewiß Petrus gemeint – schwingt in weißem, priesterlichem Gewande das Rauchfaß bis ganz nahe an das bleiche Antlitz der Entschlafenen heran. Johannes mit fast rötlichem, braungelocktem Haar über dem jugendlich erscheinenden Gesicht, steht diesem das *thuribulum* schwingenden Zelebranten Petrus gegenüber. Seine Rechte scheint ihre Finger eben zum Segens-*gestus* zu schließen. Die Linke aber hält einen mittelgroßen braunen, also nicht mehr grünen Palmzweig. Die Gestalt Christi aber fehlt in der Gesamtkonzeption der spätmittelalterlichen „Marientod“-Tafel. Solch ein Fehlen Christi läßt sich mehrfach im Szenenverbund des „Marientodes“ in der mittelalterlichen Kunst Südtirols feststellen.[93] Eine weitere Besonderheit dieses etwa um 1420/30 zeitlich anzusetzenden Gemäldes ist die an Gestalt viel kleinere Mönchsfigur zwischen den beiden vor Mariens Sterbebett knienden Aposteln. Der eine rechts im Vordergrund faltet eben, seinen Blick zur Entschlafenen erhoben, die Hände zum Gebet. Der andere, links, liest im aufgeschlagenen, in Augenhöhe erhobenen Buch wohl die Exequien-Gebete. Zwischen diesen beiden aber in dunkelbraunem Mönchshabit, eine Tonsur auf dem hoch erhoben zu Maria blickenden Haupt, betet, was ein leicht gerolltes, weißes Schriftband in schwarzen Frakturbuchstaben für diesen lateinischen Text zu lesen bietet: *trahe me post te asumptio marie.* Das ist, etwas umgewandelt, ein „Herrenwort“. Als sich die Juden gegen Jesus, den sie alle als den Sohn Josephs und seiner Mutter kannten, erregten, weil er sich als vom Himmel herabgestiegenes „Brot des Lebens“ bezeichnete, verweist es ihnen Jesus mit diesen Worten, Joh 6,43f.: *Nolite murmurare in invicem: nemo potest venire ad me, nisi Pater, qui misit me, traxerit eum.* Die Stelle im griechischen Evangelientext: ... ἐὰν μὴ ὁ πατὴρ ὁ πέμψας με ἑλκύσῃ αὐτόν ... Entscheidend ist das *trahere,* gr. ἕλκειν, ἑλκύειν für „ziehen“, „an sich ziehen". Dafür gibt es – wenn auch m. W. erst im Barock – Bilddarstellungen, wie Gottvater vom Himmel aus in Gegenwart des Auferstandenen ein weibliches Wesen als *anima* an einem Strick himmelwärts zu Gott-Vater „zieht".[94] So bittet also auch der Mönch an Mariens Sterbebette, sie, die bald der *assumptio* gewürdigt werde, möge ihn, ihren Verehrer im Mönchshabit „zu sich nach hinauf ziehen".

Also bietet dieses „vergessene" Marientod-Bild des 15. Jahrhunderts aus dem so ungemein reichen spätmittelalterlichen Kunstschaffen Südtirols, insgesamt der Südostalpen[95], auch für mich, der im Rahmen einer Vergleichenden *Ethnologia Europaea* so gerne gerade der „Religiösen Volkskunde" dient, viel Bemerkenswertes.

Als ich von der eben dankbar gerühmten „Michael-Pacher"-Ausstellung (s. Anm. 95) aus Süd- über Osttirol und Kärnten am 22. IX. 1998 in meine südsteirische Heimat zurückkehrte, war mir ein – so wenigstens glaube ich – mich jedenfalls sehr bewegender „Klein-Fund" geglückt. Den darzustellen erlaube ich mir, damit diese Studie abzuschließen. Das freilich mit der Bitte um Überprüfung und Zustimmung oder um fachgerechte Kritik an mir, dem nicht „von Haus aus Kunsthistoriker", der sich gleichwohl viele Jahrzehnte lang mit dem Bruderland Kärnten und dem Reichtum seiner Überlieferungen an religiöser Kunst und Brauchtum befassen hatte dürfen.

Oft schon hatte ich allein, mit wenigen Freunden oder mit meinen Volkskundestudenten der Universität Graz, Kiel und München die römerzeitlich-norischen Tempelfunde von Teurnia auf dem oberkärntischen Lurnfelde besucht; diesmal im September 1998 auch die vor wenigen Jahren erst entdeckte, in ihrem vollen Ausmaße mit dem *hospitium*, den Wohnzellen für Pilger und Kranke, ausgegrabene, nunmehr durch ein großes Schutzdach gesicherte „Bischofskirche" mit ihren Bauphasen des 5. und des 6. Jahrhunderts und ihrer Zerstörung kurz vor 600 in den Slawenstürmen. Sie lag nicht, wie einst Rudolf Egger (1882–1969) vermutet hatte, unter, sondern bei der nahen Kirche von St. Peter im Holz (Bezirk Spittal a. d. Drau). Die aber birgt einen erstaunlichen Reichtum an besonderen Wandmalereien innen und außen.[96]

Eines dieser Fresken, rechts an der Außenseite neben dem Haupteingang, also den Wetterunbilden im Westen besonders ausgesetzt, bietet die Reste eines vor einem halben Jahrtausend entstandenen Bildes des „Marientodes". Ich habe es mir – zunächst nur für mich selber – eingehender als es die mir bisher zugängliche Literatur tun hatte können oder wollen, „erschlossen", wenn auch vielleicht zu allzu subjektiver „Deutung". (Abb. 10)

Entstanden war das Außenmauerbild zu St. Peter im Holz um 1470. Damit ist es zeitgleich mit der hohen Freskenkunst eines Thomas von Villach im nahe gelegenen St.-Georgs-Kirchlein zu Gerlamoos im oberen Drautale. Den Meister des „Marientodes" zu St. Peter im Holz kennen wir namentlich nicht. Otto Demus hatte 1931[97] die „Dekoration der äußeren Westfassade der Pfarrkirche St. Peter im Holz" in die „Zeit um 1425 bis 1430" gesetzt. Damals waren die Fresken „nur unvollständig aufgedeckt". Er hatte auch gemeint; „Die ondulierenden Linien der umgeschlagenen Gewandsäume" (an den Heiligengestalten), „die hellen Töne mit vorherrschendem Grün, die Raffung und glockige Entfaltung der Gewänder weisen auf steirischen Einschlag (?) ...". Aber er geht auch auf unser Anliegen ein: „... rechts von der Tür die Einzelfigur eines heiligen Bischofs und eine Darstellung des Todes der Maria mit einer Stadtansicht im Hintergrund. Das letztere Gemälde scheint mehrere Jahrzehnte jünger (etwa um 1460). Die endgültige Freilegung und Sicherung der interessanten Arbeiten wäre wünschenswert."

Das geschah durch die Meisterleistung des Restaurators vieler Kärntner Kunstwerke, Adolf Campidell, im Jahre 1942. Auf ihn verweist Walter Frodl 1944 in seinem Werke über „Die gotische Wandmalerei in Kärnten" an zwei Stellen, die St. Peter im Holz betreffen.[98] Auch er bedauert den Zustand des von ihm als damaligen Landeskonservator und Forscher so noch bekannten Zustandes: „... an der äußeren Westwand, rechts vom Eingang großes, durch Fensterausbruch, zahlreiche Fehlstellen und Verreibungen gestörtes Wandgemälde des Marientodes (2,30 : 2,25 m)". Hier lohnt es sich, die Bildbeschreibung von 1944 einzuflechten, um später von mir 1998, also 54 Jahre später Erkennbares oder anders „Gedeutetes" zur Überprüfung vorschlagen zu können.

Es heißt bei Walter Frodl 1944 (S. 96) über den „Marientod": „Breiter, in Längsfelder geteilter Rahmen. Das Lager Mariens fast parallel zur Bildebene; dahinter stehen die Apostel, einer kniet, sein Gesicht in den Händen bergend, vor der Bahre. Im Mittelgrund, sehr undeutlich, die kleine Gestalt Christi mit der Seele Mariens auf dem Arm. Links im Hintergrund vieltürmige, von starker Ringmauer umschlossene Stadt. Über der Mitte Maria in Mandorla, die von schwebenden Engeln himmelwärts getragen wird, wo Christus sie mit ausgebreiteten Armen empfängt. Rote, gelbliche, grüngraue Töne. Die mitten durch das Bild laufende Fehlstelle neutral geschlossen (Restaurierung 1942, A. Campidell). Das Gemälde kann im Hinblick auf die Faltengebung (scharfe lichte Faltengrate mit reicher Knitterung etwa im Mantel der Maria in der Mandorla. Alba des hl. Petrus) sowie auf den Stadtprospekt nicht vor 1460 entstanden sein. In den Gesichtstypen, aber auch den Falten ... scheinen salzburgische Anklänge spürbar".

Dem ist wenig entgegenzusetzen. Aber einiges, dem an Ikonographie so besonders interessierten Volkskundler und Apokryphen-Leser vielleicht doch. Maria liegt – noch nicht völlig bleich – mit geschlossenen Augen ohne Todeskampf „entschlafen" unter ihrem weißen Kopftuch. So hatte sie auch Konrad von Heimesfurth in *Unser vrouwen hinfart* um 1225 im Vers 538 aus Christi Munde getröstet: *du enstirbest niht nach menschen site.* Auch dessen „Vorlage", die „Vita beatae virginis Maria et Salvatoris rhythmica" aus dem frühen 13. Jahrhundert läßt den von Christus zu Maria gesandten Palmzweig-Bringer-Engel sagen, daß ihr Hinscheiden nach ihres Sohnes Versprechen nur „ganz kurz" sein werde: *Nam deus dei filius creator, / Tuus unigenitus, celorum gubernator, / Cito tuum incolatum vult abbreviare, / Et tui vult exilii tempus adcurtare* ... (V. 7130ff.). Ob der nicht namentlich feststellbare Apostel in goldener Rundgloriole „sein Gesicht in den Händen bergend" (W. Frodl) dargestellt ist oder sie, wie ich glaube, betend gefaltet hat, ist nicht wesentlich. Anders die Gestalt ihm gegenüber. Sie kann im Hinblick auf so viele Darstellungen nur „Mariens Sohn vom Kreuze her" (Joh 19,26), also Johannes sein. Daß ihn der Kärntner Meister um 1460/70 in einer Art priesterlichem Prunkornat wohl mit goldbortenbesetztem *pluviale* darstellt, zeigt nur einmal mehr, was er im späten Mittelalter noch alles aus der fernen Apokryphe wußte: ausdrücklich heißt es eben im lateinischen Texte des sogenannten *Transitus Mariae* B (S. 10f.) [99]: *Et ecce subito, dum praedicaret sanctus Johannes in Epheso, die dominica, hora diei tertia, terrae motus factus est magnus, et nubes elevavit eum et suscedit eum ab oculis omnium, et adduxit eum ante ostium domus, ubi erat Maria.* Gepredigt hatte Johannes an einem Sonntag in aller Frühe (und dies doch wohl in priesterlicher Kleidung) zu Ephesus. Von dort trug ihn das „Wunder" der ἁρπαγή, des *raptus*, nach Christi Willen, den anderen „unsichtbar", nach Jerusalem unmittelbar vor Mariens Wohnhaus. Also vermag er auch auf dem Kärntner Fresko in priesterlicher Kleidung am Sterbebett Mariens ein Zweifaches: aus einem flachen weißen Gefäße über dem Leichnam der Entschlafenen dürfte er doch wohl mit seiner erhobenen Rechten Weihwasser über die „Hinübergegangene“ sprengen, wie es eben auch in der lateinischen Kirche nicht nur des Mittelalters im Kult und im Volksgebrauch üblich blieb.[100]

Die andere Hand aber, die Linke des „priesterlichen“ Johannes, hält nun erstmals angesichts der Entschlafenen das untere Ende jenes „Palmzweiges“, auf den und dessen Funktionen beim Marientod und beim „Wunderwirken“ nach jenem Frevel des Jephonias, Ruben, im Serbischen Atonije, diese Studie Ausschau gehalten hat. So genau, daß selbst diese kleinste Einzelheit im schwer beschädigten Fresko des späten 15. Jahrhunderts bei und nach der Restaurierung von 1942 auch heute noch einem Apokryphen-Kenner sichtbar bleibt, konnte wohl nur ein Restaurator vom Range eines Adolf Campidell vorgehen.

Es ist noch weiteres am Mittelteil dieses so mühsam 1942 vor der völligen Vernichtung durch Wetterwirkungen geretteten Wandbildes vom „Marientod“ zu St. Peter im Holz zu bedenken, zu erraten oder mit einer gewissen Wahrscheinlichkeit festzustellen, so „ungewöhnlich“ es zunächst erscheinen mag.

Über der Entschlafenen, über dem sich ihr zuneigenden Apostelkopf und über den Händen des Johannes mit dem unverkennbaren Griff um das untere „Palmzweig“-Ende in der Linken und der vermuteten Weihwasser-Besprengung der Verstorbenen befindet sich, von einer lichten Wolke zu Dreiviertel umkreist, das Bild einer Zweiergruppe. Dies in der Gestalt einer Erwachsenen in goldener Rundgloriole und eines weißgewandeten Kindes mit anscheinend lebhafter Handbewegung. Hier meint Walter Frodl 1944: „Über der Mitte Maria in Mandorla, die von schwebenden Engeln himmelwärts getragen wird, wo Christus sie mit ausgebreiteten Händen empfängt.“ Dem kann ich zustimmen außer dem Ausdruck „Mandorla“ für diese Szene und die Engel, die nicht dieses Mittelbild, sondern erst das obere umschweben, wo Christus – erst der in einer Mandorla – auf die Seele seiner Mutter wartet. Ob Maria im Mittelbilde, in ein dunkelbraun-rotes *maphorion* gekleidet, die Finger ihrer Rechten mahnend, „belehrend“ ausstreckt, das Kind die seinen faltet und sich liebevoll an das Antlitz seiner Mutter neigt, das läßt sich bis in solche Einzelheiten nicht ganz aus dem Noch-Bestand der Wandmalerei klären. Mich hatte diese Mutter-Kind-Darstellung gleich an eine in den Ostkirchen zumal auf Ikonen so sehr beliebte „glückliche Begegnung" der „Süß-Liebenden" (die *Panagia* als *glykophilousa*) mit ihrem ihr so sehr zuneigenden Kinde) erinnert. Ob es sich um eine Traumvision der Sterbenden handelt, der das irdische Mutterglück noch einmal vorschwebt, wie sie es als *assumpta* schon in Kürze wieder „erleben" darf, wenn sie – nach den Berichten in den *Transitus*-Texten – „durch die sieben Himmel emporsteigt"?

Erst hoch über dieser Mittelszene und leider eingeengt zwischen großen Schadstellen ist wirklich eine „Mandorla" in dreifarbigem braun-gelb-grünem „Rahmen" zu erkennen. Erst diese Mandorla wird deutlich von zwei fast voll noch erkennbaren Engeln getragen, oben von anderen gehalten. In ihr thront der bartlose Christus in seiner *alba* und einem gleichfalls weißen, mantelartigen Gewande um die Schultern. Er erwartet offenkundig die in der *dormitio* Entschlafene, aber noch nicht in seinen Händen als *εἴδωλον/animula* Emporgeholte. Dennoch scheint der Freskant im spätmittelalterlichen Kärnten des 15. Jahrhunderts „um 1470" den im Himmelreich auf die Seele seiner Mutter Wartenden ganz unüblich mit einer Besonderheit ausgestattet zu haben. Die hatte ich freilich nicht selber mit meinen altersgeschwächten Augen ausnehmen können. Aber meine Kamera hat diese Einzelheit miterfaßt. Von befreundeter, den in so großem Reichtum uns „vererbten" Kunstdenkmälern Kärntens kenntnisreich zugeneigter Seite[101] wurde ich auf Grund meiner Photo-Aufnahme erst aufmerksam gemacht, daß dieser wartende Christus in der Mandorla in seiner Rechten eindeutig einen „grünen Zweig" über den Rand des Mandorla-Rahmens hinaus und etwas abwärts geneigt trägt. Wenn dies so ist, so kann dieses Grüne im Zusammenhang mit den so reichen Motiv-Überlieferungen in Wort und Bild um den „Marientod" in den Apokryphen doch nur jener „Palmzweig" sein, mit dem Christus durch seinen Engel als Überbringer Mariens Abschied von dieser Erdenwelt in ihrem *obitus, transitus* zu sich in den Himmel, in die Verklärung (*metastasis*) und damit auch in die Fortsetzung ihres „Mutterglückes" mit ihm in den „sieben Himmeln" vor-ankündet.

Alle gerade noch in Spuren erkennbaren Feinheiten hatte der Restaurator Adolf Campidell 1942 aus der so weit schon zerstörten Wandmalerei des „Marientodes" zu St. Peter im Holz vor mehr als einem halben Jahrhundert noch erhalten können, „gerettet".

Dies für die Möglichkeit einer meditativen „Schau" und so besonders eindringliches Erlebenkönnen von Betrachtern, daß auch das Kleine, ja manchmal Allerkleinste gleichwohl fest einverwoben ist in das so reiche Erbe, das wir die „Kultur des christlichen Abendlandes" zu benennen gewohnt sind, in allen Disziplinen der Geisteswissenschaften immer tiefer zu erkennen aufgerufen und nach unseren Möglichkeiten zu bewahren und als kostbares „Erbe" für die Zukunft zu erhalten auch verpflichtet bleiben.

Anmerkungen

[1] Leopold KRETZENBACHER, Kulturbedingungen und Funktionen der mittelalterlichen Legende. (Ethnologia Europaea 9, Göttingen 1976, S. 53–63); ins Portugiesische übersetzt als: Condições culturais e funções da lenda medieval. (Sociedade Visconde de Sao Leopoldo IV, Santos/Brasilia 1977, Nr. 41, S. 35–46).

[2] DERSELBE, Bilder und Legenden. Erwandertes und erlebtes Bilder-Denken und Bild-Erzählen zwischen Byzanz und dem Abendlande. (Aus Forschung und Kunst; geleitet von Gotbert MORO, Bd. 13, Klagenfurt–Bonn 1971, S. 49–74: Jordantaufe auf dem Satansstein. Zur Deutung südosteuropäischer Fresken und Ikonen aus den Apokryphen und Volkslegenden. Dazu Farbtafeln II–IV und SW-Tafeln XIV–XVII); DERSELBE, Zur Südost-Herkunft besonderer Darstellungen der Jordantaufe auf dem Urkund-Stein oder der Drachenschlange. (Südost-Forschungen Bd. 56, München 1997, S. 123–150, 7 Abb.). Zum Thema: Elfriede GRABNER, Verborgene Volksfrömmigkeit. Frühe und volksbarocke Christusapokryphen in Wort- und Bildzeugnissen. Wien–Köln–Weimar 1997, S. 13–43, SW-Abb. 1–12; Farbtafeln 1–14. Zur Legende: Hans-Peter ECKER, Die Legende. Kulturanthropologische Annäherung an eine literarische Gattung. Stuttgart–Weimar 1993.

[3] Θησαύροι τοῦ Ἁγίου Ὄρους, hg. Athanasios A. KARAKATZANIS, Thessaloniki 1997.

[4] Ebenda Kat.-Nr. 2,72, S. 137 (Farbbild).

[5] Ebenda Kat.-Nr. 2,75, S. 140f. (Farbbild) und Nr. 2,76, S. 142f. mit Farbbild der Zwölfbilderreihe (δωδεκαόρτος).

[6] Leonid NIKOLSKIJ, Istoričeskij očerk afonskoj živopisi. (Ikonopisnyj sbornik, St. Petersburg 1906, S. 1–124). Z. B. Athoskler Xerophontos S. 42f. ein Fresko mit dem Frevel an der Gottesmutter bei ihrem Begräbnis, aber ohne Sterbekerze. Ein Werk des Malers Anton Zograf aus dem Jahre 1545; ähnlich S. 13–16 aus dem Hagiou-Pavlou-Monasterion am Südende des Athos ein solches Fresko, Entschlafen mit Sterbekerze im Vordergrunde, von Andronikos Byz., 1423. Des weiteren S. 42f. ein Fresko des Antonios Zograf im Kloster Xe-

nophontos, 1545: Sterbekerze, Frevler und schwertschwingender Engel; ähnlich im Serbenkloster Hilandar ein Fresko des Popen Daniel des „Leitenden" aus dem Jahre 1667, S. 67; nur der schwertschwingende Engel ist vor den Falten des Sterbebettes der Gottesmutter zu erkennen. Ähnlich ein Fresko von 1683 zu Vatopedi (Nordostküste der Athos-Halbinsel) S. 72 (Engel und Frevler). Sorgfältige Ablichtungen verdanke ich meiner „Doktor-Tochter" Marianne STÖßL in München, Jänner 1998.

[7] Bettina-Martine WOLTER (Hg.), Zwischen Himmel und Erde. Moskauer Ikonen und Buchmalereien des 14.–16. Jahrhunderts. Verlag: Gerd Hatje, Ostfildern–Ruit 1997, S. 44, Abb. 1 bei Gerold WSDORNOW.

[8] Die heutige katholische Theologie legt Wert auf den Begriff „Aufnahme" (*assumptio*) für „Mariä Himmelfahrt", der nicht mit der Vorstellung „einer aktiven Auffahrt" (als eines gleichsam selbstmächtigen Emporschwebens) verbunden werden kann im Vergleich mit „Christi Himmelfahrt" als *ascensio*. Vgl. dazu das Marienlexikon, hg. v. Remigius BÄUMER und Leo SCHEFFCZYK, Bd. I, St. Odilien 1988, Stichwort „Aufnahme" S. 276–286 (A. ZIEGENAUS); des weiteren ebenda Bd. III, 1991, „Himmelfahrt Mariä", S. 199–208 (A. ZIEGENAUS, H. BÜRKLE, Th. MAAS-EWERT, A. MASSER) und „Koimesis", Bd. III, S. 558f. (K. B. KALLINIKOS). Übrigens wurde der Ausdruck *dormitio* bereits mittelalterlich geändert in *assumptio* als Name für das Fest am 15. VIII. Dazu ebenda Bd. I, 1988, S. 278 und Bd. III, 1991, S. 202 (Th. MAAS-EWERT).

[9] Marienlexikon III, S. 598f. (K. B. KALLINIKOS).

[10] JACOBI A VORAGINE Legenda aurea vulgo historia lombardica dicta. Ausgabe von Th. GRAESSE, 3. Auflage Breslau 1890, Neudruck Osnabrück 1965, S. 504–527, bes. S. 508.

[11] Richard BENZ, Die Legenda aurea des Jacobus de Voragine, aus dem Lateinischen übersetzt. Heidelberg, 12. Auflage 1997, S. 605f.

[12] Nikos KAZANTZAKIS, † 1957, geboren auf Kreta 1882, das damals und noch bis 1913 unter türkischer Oberhoheit stand, erinnert sich in seinem nachgelassenen Werke 'Ανάφορα στον Γκρέκο, deutsch von I. KAMARINEA-ROSENTHAL, Berlin 1964, S. 63, als „Rechenschaft vor El Greco, I, Kindheit und Jugend", an die Ikone der κοίμησις: „Die Muttergottes lag auf dieser Ikone hingestreckt mit dem Kreuz zwischen beiden Händen; rechts stürzte sich ein Engel, links der Teufel auf sie, um ihr die Seele zu entreißen. Der Engel hatte sein Schwert gezogen und dem Teufel beide Arme abgehackt, die in der Luft hingen und blutig tropften. Ich schaute die Ikone an, und mein Herz füllte sich mit Freude – das ist Kreta, sagte ich, dieser schwarze Teufel ist der Türke und der weiße Engel ist der griechische König ... Der griechische König wird die Arme des Türken einmal abhacken. Wann? Wenn ich groß sein werde, dachte ich ..." Vgl. dazu: Leopold KRETZENBACHER, Ikonotropie zu Kultbildern und Fresken in Südosteuropa. (Südost-Forschungen, Bd. XXIX, München 1970, S. 249–266, bes. S. 251; mit Verweisen auf das Vorkommen unserer Darstellung zwischen Rumänien und Sammlungen im Libanon. – Eine solche Metall-Ikone, 28,5 × 24,1 cm, als emaillierten Bronzeguß aus Rußland verwahrt auch die Slg. G. Weinhold im Alten Schloß Schleißheim bei München. Ein weiterer emaillierter Bronzeguß aus Rußland, verfertigt als „Reise-Ikone" (9,9 × 9,1 cm), farbig abgebildet bei

Stefan JECKEL, Russische Metall-Ikonen, in Formsand gegossener Glaube, Bramsche, 3. Aufl. 1995, S. 160f.; Abb. Nr. 91.

[13] Marienlexikon (wie Anm. 8) III, 1991, S. 599 (K. B. KALLINIKOS).

[14] Ebenda I, 1988, S. 276f. (J. BÄUMER – A. ZIEGENAUS).

[15] Zum *Liber Transitus s. Mariae* vgl. Marienlexikon Bd. IV. 1992, S. 115f. (Johann B. BAUER).

[16] Constantin TISCHENDORF, Apocalypses apocryphae Mosis, Esdrae, Pauli, Johannis, item Mariae dormitio, additis Evangeliorum et actuum Apocryphorum supplementis. Leipzig 1866; Nachdruck Hildesheim 1966. Transitus Fassung A S. 113–123; B S. 124–136. Dazu: Aurelio de SANTOS OTERO, Los Evangelios Apócrifos. 4. Aufl. Madrid 1984, S. 574–659. Mit einer Bibliographie aller Ausgaben: griech., lat., äthiop., arab., armen., kopt., syr., irische und slawische Überlieferung.

[17] Diese evangelienbezeugte, ansonsten kaum in der Überlieferung der *passio Domini* „gängige" Szene scheint aber im 15. Jahrhundert doch auf einem Kärntner Fresko des „Feiertags-Christus" besonderer Art gemeint zu sein. An einem vor wenigen Jahren erst aufgedeckten Außenwand-Fresko der kleinen Bergkirche zu Pogöriach nahe dem Faaker See (Bezirk Villach Land) finden sich zur Rechten des blutüberströmten „Schmerzensmannes" Christus die *signa* der vielen Geräte (Arbeit, Unterhaltung, Musik), deren man sich an Sonn- und Feiertagen nicht bedienen darf, will man nicht Christus sündhaft verwunden. Zu seiner Linken befinden sich – in Kärnten wie in der Steiermark ungewohnterweise – Köpfe von Personen aus der Leidensgeschichte Christi, Judas Iskariot, Herodes Antipas usw. (wenn auch seltsamerweise nicht Pilatus). In einer Zweiköpfe-Gruppe könnten es – zur Passions-Erinnerung gehörig – Petrus der Verleugner und jene Pförtnerin sein, die Petrus als Jünger Christi anspricht. Vgl. Leopold KRETZENBACHER, Neufunde spätmittelalterlicher Fresken vom „Mahnbild"-Typus „Feiertags-Christus" in Kärnten (Österreichische Zeitschrift für Volkskunde, Bd. LI, der Gesamtserie Bd. 100, Wien 1997, S. 157–183, bes. S. 164 und Abb. auf S. 161).

[18] Diese Ausdrucksweise von der „Herzenshärte" der Juden (*permanentes in duritia cordis*) gehört so wie der ständige, auch in den liturgischen Gebeten der Kirche, z. T. bis zur Wende im Zweiten Vaticanum (1963–1968) oft wiederkehrende Vorwurf gegen die Juden als „Treulose" (*perfidi*) nicht nur zum christlichen Sprachgebrauch des 1. nachchristlichen Jahrtausends, sondern bis ins 20. Jahrhundert. Vgl. die Zitate bei: Leopold KRETZENBACHER, Zum Skorpion als Judenzeichen zwischen Bayern und der Steiermark. (Bayerisches Jahrbuch für Volkskunde München 1997, S. 99–113 und Bildtafeln 1–6, Figuren im Text 1, 2).

[19] Diese Szene spielt ja in der theologischen Auswertung sehr verschiedener Aussagen zur *metastasis, koimeesis, anapausis, dormitio* und *assumptio* eine nicht unwesentliche Rolle bis in die Gegenwart. Dies wegen der Frage der „Vor-Auferweckung Marias zum Leben", ob dies ein „Privileg" sei in der Parallele zu Matth 27,52, wenn im Augenblick des Todes Christi am Kreuze die Stelle begegnet: „Die Gräber öffneten sich, und die Leiber vieler Heiligen, die entschlafen waren, wurden auferweckt". Noch 27,53: „Nach der Auferstehung Jesu

verließen sie ihre Gräber, kamen in die Heilige Stadt und erschienen vielen ..." Ausdrücklich vermerkt A. ZIEGENAUS (Marienlexikon Bd. I, 1988, S. 285), daß diese Stelle bei Matth 27,52 „nie lehramtlich thematisiert" worden sei, falls sie überhaupt „historisch zu verstehen" sei.

20 Zu Melito von Sardes vgl. Heinrich KRAFT, Kirchenväter-Lexikon. München 1966, S. 374f.

21 Zu Euthymios vgl.: Hans-Georg BECK, Kirche und theologische Literatur im Byzantinischen Reich. München 1959, S. 549f.; dazu: Tusculum-Lexikon griechischer und lateinischer Autoren des Altertums und des Mittelalters. 3. Auflage, bearbeitet von Wolfgang BUCHWALD – Armin HOHLWEG – Otto PRINZ. München–Zürich 1982, S. 247.

22 Ernst von DOBSCHÜTZ, Das Decretum Gelasianum: *De libris recipiendis et non recipiendis.* (Texte und Untersuchungen zur Geschichte der altchristlichen Literatur, hg. von Adolf HARNACK und Carl SCHMIDT, 3. Reihe, 8. Bd., Heft 4, Leipzig 1912, S. 53: *Liber qui appellatur Transitus sanctae Mariae: apocryphus.* Zu Papst Gelasius I. (P. M. 492–496) und den Fälschungen in seinem Nachlaß: Lexikon für Theologie und Kirche (LThK), Bd. IV, 3. Aufl. Freiburg 1995, Sp. 401f. (Mario SPINELLI) dazu: Horst FUHRMANN, Überall ist Mittelalter. Von der Gegenwart einer vergangenen Zeit. München 1996, S. 51 („Fälschungen im Dienste der Wahrheit").

23 Der griechische Text bei Constantin TISCHENDORF (s. Anm. 16) und bei Aurelio de SANTOS OTERO (ebenda Anm. 16), S. 582–606.

24 N. JUGIE, Patrologia Orientalis 19, Paris 1926 und bei Aurelio de SANTOS OTERO, Los Evangelios Apocrifos, Madrid 1984, S. 611–645. Vgl. weiters: Johannes B. BAUER, Marienlexikon Bd. IV, 1992, S. 116.

25 Monika HAIBACH-REINISCH, Ein neuer *Transitus Mariae* des Pseudo-Melito. Textkritische Ausgabe und Darlegung der Bedeutung dieser ursprünglicheren Fassung für Apokryphenforschung und lateinische und deutsche Dichtung des Mittelalters. Rom (Bibliotheca Assumptionis B. Virginis Mariae, Bd. 5) 1962; nach der philosophischen Dissertation München 1954. (Der kritische Text dieses *Transitus* B^2 S. 65–87). – Zur weiteren, derzeit offenkundig nach N. Jugie zumal von den französischen Kirchenhistorikern intensiv geführten Erforschung aller Schriftzeugnisse zum apokryph Bleibenden um den „Marientod", vor allem im Bereich des frühchristlichen Orients bei Kopten, Arabern, Äthiopiern, Georgiern, Armeniern usw. vgl. Simon Claude MIMOUNI, Dormition et Assumption de Marie. Histoire des traditions anciennes. Paris (Beauchesne) 1995. (Reihe: Théologie historique, Bd. 98). Dazu diese umfangreiche Rezension von Daniel STIERNON in der Zeitschrift MARIANUM, EPHEMERIDES MARIOLOGIAE, hg. von der Pontificia Facultas Theologica „Marianum" Ordinis fratrum Servorum s. Mariae, LIX. Jgg. Nr. 151, Rom 1997, S. 329–335.

26 Monika HAIBACH-REINISCH (wie Anm. 25, S. 52–55: die Siegel der Hss. aus München und Admont aus dem 12. Jh.). Zur Münchener Fassung (clm 6264a, Staatsbibliothek) vgl. Bernhard BISCHOFF, Die südostdeutschen Schreibschulen und Bibliotheken in der Karolingerzeit. Leipzig 1940, S. 107.

[27] François HALKIN S. J., Une légende byzantine de la dormition. L'épitome du recit de Jean de Thessalonique. (Revue des études byzantiniques, Bd. XI, Paris 1955, S. 156–164).

[28] Godehard SCHÄFER, Das Handbuch der Malerei vom Berge Athos. Trier 1855, § 394, S. 278.

[29] V. ARRAS, *De Transitu Mariae Apocrypha Aethiopica.* (Corpus Scriptorum Orientalium, Bd. 342/43, 1973 und Bd. 351/52, 1974.

[30] Vgl. dazu die weit ausgreifenden und wissenschaftlich wie bildbezeugt reichlich belegten Vorgänge um die (Gabriels-) Verkündigung bei Louis CARLEN, Maria im Recht. (Freiburger Veröffentlichungen aus dem Gebiet von Kirche und Staat, hg. von Louis CARLEN, Bd. 50, Freiburg/Schweiz 1997, bes. das Kapitel „Verkündigung als Rechtsakt" mit den Abschnitten III: Stab des Engels; IV: Zweig und Lilie; V: Urkunde und Brief, S. 123–130.

[31] D. B. DIMITRAKOU-MESISKLI, Μέγα λέξικον ὅλης τῆς ἑλληνικὴς γλώσσης, B. II, Athen 1954, S. 1422; N. P. ANDRIOTES, Ἐτυμολογικὸ λέξικο τῆς κοινῆς νεοελληνικὴς, Thessalonike, 2. Auflage 1967, S. 55; Emanuel KRIARA, Λέξικο μεσαιωνικὴς δημώδους γραμματείας, Bd. IV, Thessalonike 1975, S. 181.

[32] Antoine WENGER, L'assomption de la t. s. Vierge dans la tradition byzantine du VIe au Xe siècle. Études et documents. Paris 1955 (Archives de l'Orient Chrétien, Nr. 5), Kap. IV: Les homélies de Cosmas Vestitor: Beati Cosme Vestitoris laus in celeberrimam dormitionem intemeratae domine nostre genitricis semperque virginis Marie, S. 315–333.

[33] Dieser besondere Wunsch Mariens bleibt von den frühesten Handschriften des Pseudo-Melito immerzu als ein topos bis in die spätmittelalterlichen, ja frühneuzeitlich deutschen Texte der „Marienleben" bestehen. Daher auch die Dominanz des Motivs etwa in der *Maestà* des Duccio di Buoninsegna zu Siena um 1308–1311.

[34] Das geschieht am ausführlichsten bisher, reich mit Abbildungen und Forschungsergebnissen mit beigebrachter Literatur versehen bei: Gertrud SCHILLER, Ikonographie der christlichen Kunst, Bd. 4, 2: Maria, Gütersloh 1980, bes. S. 118–124 und Abb. Nr. 717ff.; zum apokryphen Schrifttum bes. S. 83–87.

[35] Eine farbige Bildkarte vertreibt das Erzbischöfliche Dom- und Diözesanmuseum in Wien (unsere Abb. 3).

[36] Vgl. in Auswahl: Curt H. WEIGELT, Duccio di Buoninsegna. Studien zur Geschichte der frühsienesischen Tafelmalerei (Kunsthistorische Monographien, Bd. XV), Leipzig 1911; Giulio CATANEO – Edi BACCHESI, L'opera completa di Duccio. Milano, 1972, 2. Aufl. 1983; Andrea WEBER, Duccio di Buoninsegna, um 1255–1319. Köln 1997.

[37] Hans BELTING, Bild und Kult. Eine Geschichte des Bildes vor dem Zeitalter der Kunst. München 1990, 3. Auflage 1993, bes. S. 420–422; 440–446; 450–454 et passim (Register), Abb. 245 und 246.

[38] DERSELBE ebenda S. 421: daß es dieser *Advocata Senensium* aber nicht an Zärtlichkeit fehlt, zeigt ihre Neigung zum sorgsam im Schoß gehaltenen Kinde, die weitgehend schon dem *dolce stil nuovo* jener auch gerade die „Volksfrömmigkeit" kennzeichnenden Haltung jener Zeit eignet.

[39] Dies als ein von mir oft von Mönchen, Popen und Gläubigen beiderlei Geschlechtes als „Erklärung“ Gegebenes. Es ist mithin als „volkstümlich“ zu benennen. Im übrigen gibt es weitgehend andere, theologisch „begründete“ Deutungen der Drei Sterne zumal auf dem Kopf- und Schultertuche Mariens als μαφόριον. Vgl. dazu: Richard HAMANN – MC LEAN, Grundlegung zu einer Geschichte der mittelalterlichen Monumentalmalerei in Serbien und in Makedonien. Gießen 1976 (Bd. II der Reihe: „Marburger Abhandlungen zur Geschichte und Kultur Osteuropas“), S. 80–82.

[40] Ein Zurückweichen vor dem Engel z. B. ebenfalls in Siena in der „Verkündigung“ des Meisters Simone Martini († 1344; Bild gemalt 1333; dzt. in den Uffizien zu Florenz). Vgl. Wolfgang BRAUNFELS (Hg.), Weltkunstgeschichte, Bd. II, Berlin–Darmstadt–Wien 1964, SW-Abb. auf S. 153. Auffällig bleibt, daß hier auch Gabriel als Verkünd-Engel einen ziemlich großen Zweig in seiner Linken hält. Doch ist dies auf keinen Fall ein Dattelbaum-Zweig. Er rückt in der Engelshand ganz nahe an jenen Blumenstrauß mit Lilien vor der betenden, hier auffallend zurückweichenden Jungfrau Maria heran.

[41] So z. B. in vielen Legenden, in denen St. Georg, St. Demetrius oder (weitaus seltener) St. Nikolaus gefangene Christensklaven aus (meist sarazenischer) Gefangenschaft rettet, wobei er sie eben durch ἁρπαγή, *raptus* ihren Angehörigen durch die Luft an einem besonderen Tage *per miraculum* zurückbringt. Vgl. Leopold KRETZENBACHER, Griechische Reiterheilige als Gefangenenretter. (Österreichische Akademie der Wissenschaften, phil.-histor. Klasse, Sitzungsberichte, 421. Bd. Wien 1983.

[42] Es ist fraglich, ob mit diesem Eingebundensein des εἴδωλον-, *animula*-Kindes das im Orient beim Begräbnis übliche „Leichentuch“ (σινδών) gemeint ist. Das Wort bedeutet ja „Leintuch“, auch „Bettlaken“.

[43] Vgl. in Auswahl: Max GEISLER, Der Dortmunder Marienaltar des Konrad von Soest. Dortmund 1931; Christa SCHAFFER, Koimesis. Der Heimweg Mariens. Das Entschlafen der Gottesmutter in seiner Abhängigkeit von Legende und Theologie. Regensburg 1985; Gertrud HOLZHERR, Die Darstellung des Marientodes im Spätmittelalter. Dissertation Tübingen (mir nicht erreichbar). Arthur ENGELBERT, Conrad von Soest. Ein Dortmunder Maler um 1400. Köln 1995.

[44] A. ENGELBRECHT (wie Anm. 43), S. 115; Farbbild.

[45] Robert NISSEN, Die Münze in der Sterbekerze. Ein Beitrag zu Konrad von Soest. (Zs. Westfalen, 21. Jgg., Münster 1936, S. 68–72). – Eine Ablichtung dieses Aufsatzes verdanke ich der oftmaligen Wissenschaftshilfe meines Kollegen Univ.-Prof. Dr. Christoph GERHARDT in Trier.

[46] Paul SARTORI, Die Totenmünze. (Archiv für Religionswissenschaft, II. Bd., Freiburg im Breisgau 1899, S. 205–225). Robert Nissen erwähnt S. 69 auch eine von ihm nicht näher belegte bulgarische Vorstellung, derzufolge man dem Sterbenden eine Wachskerze in die Hände gibt, in deren Mitte ein Silber-Geldstück eingedrückt ist, auf daß der Tote auf seinem „Weg ins Jenseits von den Teufeln unbehelligt bleibe“. Ein Beleg dafür ist mir weder im ausführlichen Kapitel über „Bräuche bei Tod und Begräbnis“ bei Christo VAKARELSKI,

Bulgarische Volkskunde. Berlin 1969, S. 311–318 noch unter den mir zugänglichen bulgarischen Publikationen dort untergekommen.

[47] Wenn in einer Klosterordnung für das Stift Keppel gegen Ende des 13. Jh.s jeder Novize für den Altar des hl. Johannes eine „dreipfündige Wachskerze" stiften mußte, in die „zwei Turnosen" für den Prior einzustecken waren, so ist das gewiß eine „rituelle Geldspende". Sie hat aber mit dem Totenkult nichts zu tun. Vgl. Hans KRUSE, 700 Jahre Stift Keppel (Kölnische Zeitung Nr. 407 vom 29. VII. 1931).

[48] Robert NISSEN (s. Anm. 45), S. 69.

[49] Leopold KRETZENBACHER, Bild-Gedanken der spätmittelalterlichen Hl.-Blut-Mystik und ihr Fortleben in mittel- und südosteuropäischen Volksüberlieferungen. (Bayerische Akademie der Wissenschaften, phil.-histor. Klasse, Abhandlungen N. F. 114. Heft), München 1997, S. 44–47: Reliquienschatz Karls IV. auf dem Hradschin zu Prag und in seiner „Gralsburg" Karlstein. Darunter in den reichhaltigen Reliquienverzeichnissen auf Karlstein zum 15. VIII. auch ausdrücklich „Wachs von jener Kerze, die beim Hinscheiden der Allerseligsten Jungfrau Maria gebrannt hatte": *cera de candela, quae arsit ad obitum Beatissimae Virginis.* – Allgemein zum Reliquienwesen (nicht nur) des Mittelalters: Arnold ANGENENDT, Heilige und Reliquien. Die Geschichte ihres Kultes vom frühen Christentum bis zur Gegenwart. München 1994, 2. Auflage 1997, S. 149–166.

[50] Leopold KRETZENBACHER, Heimat im Volksbarock. Kulturhistorische Wanderungen in den Südostalpenländern (Buchreihe des Landesmuseums für Kärnten, gel. von Gotbert MORO, Bd. VIII). Klagenfurt 1961. Ins Japanische übersetzt von Shin KONO, Universitätsverlag Nagoya 1988.

[51] Siehe oben Anm. 49

[52] Diese Diözese Lavant wurde 1859 vom damals (seit 1846 in St. Andrä im Lavanttale als Bischof fungierenden) Slowenen Martin Slomšek (1800–1862) nach Marburg a. d. Drau/Maribor übertragen. Sie benennt sich seither als *Škofija lavatinska.*

[53] Oskar VESELSKY, Die Konsekrationsberichte aus den Ordinations- und Konsekrationsprotokollen der Bischöfe von Lavant im 16. Jahrhundert. (Quellen zur geschichtlichen Landeskunde der Steiermark, hg. von der Historischen Landeskommission für Steiermark, XI. Bd., Graz 1997. Das Reliquienverzeichnis S. 177–184.

[54] Ebenda S. 42, Nr. 67.

[55] Ebenda S. 88, Nr. 629.

[56] Hier handelt es sich also nicht um jene Wachsbezeichnungen bei Wolfgang BRÜCKNER, CERA – CERA VIRGO – CERA VIRGINEA. Ein Beitrag zu „Wörter und Sachen" und zur Theorie der „Stoffheiligkeit" aus Altüberlieferungen der Imkerei, auch aus Sakralbedeutsamkeit (Zeitschrift für Volkskunde, 59. Jg., Stuttgart 1963, S. 233–253).

[57] Oskar VESELSKY (s. Anm. 53), S. 44, Nr. 83 und S. 110, Nr. 987.

[58] Ebenda St. Veit a. d. Glan, S. 44, Nr. 87, anno 1511; Eisenerz S. 51, Nr. 158, 1512.

[59] Ebenda 1512, Fladnitz/Teichalpe, S. 53, Nr. 186.

[60] Ebenda S. 53, Nr. 177.

[61] Adolf VÖGTLIN, VITA BEATE VIRGINIS MARIE ET SALVATORIS RHYTHMICA. (Bibliothek des Litterarischen Vereins in Stuttgart, Bd. CLXXX) Tübingen 1888.

[62] Die deutsche Literatur des Mittelalters, Verfasser-Lexikon, Bd. IV, Berlin 1953, Sp. 710–713 (Gerhard EIS):

[63] Max PÄPKE, Das Marienleben des Schweizers Wernher. Mit Nachträgen zu Vögtlins Ausgabe der *Vita Marie Rhythmica.* (Plaestra Bd. LXXXI, Berlin 1913. Untersuchungen und Texte aus der deutschen und englischen Philologie, S. 1–60; zu den Reimen, Namen usw. S. 61–113; zur Heimatfrage S. 113–118; erst als Anhang S. 119–182 die Nachträge zu Vögtlins Ausgabe der *Vita Rhythmica*). Diese Studie wird weiter geführt von Edward SCHRÖDER, Von der *vita b. Mariae rhythmica.* (Zeitschrift für deutsches Altertum und deutsche Litteratur, 68. Bd. Berlin 1931 S. 234–238.)

[64] Dazu Leopold KRETZENBACHER, Wortlose Bilder- und Zeichen-Litaneien im Volksbarock. (Bayerische Akademie der Wissenschaften, phil.-histor. Klasse, Sitzungsberichte Jgg. 1991, H. 3, München 1991, bes. S. 16–26).

[65] Zum verbreiteten Legenden-Motiv des „Wohlgeruches", Duftes im Umkreis „heiliger" Personen, Orte, Gegenstände vgl. Heinrich GÜNTER, Psychologie der Legende. Studien zu einer wissenschaftlichen Heiligen-Geschichte, Freiburg 1949, s.v. Wohlgeruch im Register S. 375; Arnold ANGENENDT, Heilige und Reliquien. Die Geschichte ihres Kultes vom frühen Christentum bis zur Gegenwart. München 1994, 2. Aufl. 1997, s.v. Duft, Register S. 459.

[66] Des Erzengels Michael Aufgabe als „Seelengeleiter" (ψυχοπομπός) und „Seelenwäger" als Vorrichter ist Altüberlieferung der Bibel zuerst im Orient und bald in der Gesamtkirche. So nimmt es nicht wunder, wenn Christus die „Seele" seiner Mutter und dann den beseelten Leib Marias auch in beiden Typen des *Transitus,* B^1 und B^2 wie auch in der *vita rhythmica* ihm anvertraut. Vgl. s.V. „Michael". Lexikon für Theologie und Kirche, Bd. VII, 2 Aufl., 1962, Sp. 393–395 (A. DÖRRER). J. E. STADLER, Vollständiges Heiligen-Lexikon Bd. IV, Augsburg 1881, S. 440–443. Leopold KRETZENBACHER, Die Seelenwaage. Zur religiösen Idee vom Jenseitsgericht auf der Schicksalwaage in Hochreligion, Bildkunst und Volksglaube. (Buchreihe des Landesmuseums für Kärnten, gel. von Gotbert MORO, IV. Bd.) Klagenfurt 1958; Erna, Hans und Carlo MELCHERS, Das große Buch der Heiligen. Geschichte und Legende im Jahresablauf. München 1978, S. 622–626.

[67] Bildliche Darstellungen dieser Szene zwischen Petrus und jener „Türhüterin des Praetoriums" scheinen selten zu sein. Gegenüber dieser evangelienbezeugten Szene stehen ja Petrus-Darstellungen aus der Apostelgeschichte und den Apokryphen bei weitem im Vordergrunde. Vgl. LCI, Bd. VIII, 1994, Sp. 158–174 (Wolfgang BRAUNFELS). Wohl aber hat die genannte Szene (Matth 26,69f.; Mark 14,66–72; Luk 22,55–57) Duccio di Buoninsegna in seine „Maestà" aufgenommen als Petri „erste Verleugnung" mit der grellrot gewandeten Pförtnerin (*ostiaria)*: Farbbilder bei Andrea WEBER (s. Anm. 36), 1997, Nr. 64, 65, 67.

[68] Zu der den Juden durch beinahe 2000 Jahre, genauer: bis zur „Wende" im Zweiten Vatikanischen Konzil auch in den liturgischen Gebeten der katho-

lischen Kirche immer wieder vorgeworfenen *perfidia*, als „Treulosigkeit“ vgl. die Zusammenstellung einer langen Reihe von Belegstellen aus Homilien, aus dem *Rituale Romanum*, aus Gebetsformeln u. ä. bei: Leopold KRETZENBACHER, Zum Skorpion als Judenzeichen zwischen Bayern und der Steiermark. (Bayerisches Jahrbuch für Volkskunde 1997, München 1977, S. 99–113; 2 Fig. im Text und Abb. 1–4 auf Bildtafeln. Vgl. bes. S. 16f. und 110f.

[69] Verfasser Lexikon Bd. 4, Berlin 1953, Sp. 710–713 (Gerhard EIS). Zur Heimatfrage nur: „in einem östlichen Lande des oberdeutschen Sprachgebietes“.

[70] BIBLIOTHECA MUNDI / SEV / SPECULI MAIORIS / VINCENTII BURGUNDI / PRAESVLIS BELLOVACENSIS / ORDINIS PRAEDICATORVM THEOLOGI ac DOCTORIS EXIMI / TOMVS QVARTVS, QVI SPECVLVM HISTORIALE INSCRIBITVR. DVACI (Douai in Belgien), Ex Officio Typographico BALTAZARIS BELLERI ANNO M. D. C. XXIV. (Bayerische Staatsbibliothek München sign. Hbh 2° NP 520 / 4). Dort auf S. 241.

[71] Zu LEONTIOS VON BYZANZ, einer weiterhin rätselhaft bleibenden Gestalt des byzantinischen 6. Jh.s und seine Diskussionen zwischen origenistischer Orthodoxie, Monophysiten, Nestorianern, Eutychianern usw. vgl. Tusculum-Lexikon (s. Anm. 21) [3]1982, S. 472f.

[72] *Leuncius, qui nobiscum, et cum Apostolis conuersatus est, animo temeratio discedens à via iustitiae, de virtutibus quidem Apostolorum multa vera dixit, de doctrina vero eorum multa mentitus est. Sed et transitum Beatae Virginis Mariae ita impio deprauauit stylo, vt Ecclesia Dei non solum legere noluit, sed etiam audire nefarium iudicauerit.*

[73] Das Wort der Apostel an Christus: *Si placeret ante potentiam maiestatis tuae, visum fuerat nobis seruis tuis: vt sicut tu deuicta morte regnas in gloria tua: hoc corpusculum resuscitans tecum eam duceres in caelum ...*

[74] Im Kapitel IXXIX (S. 250) betont also Vinzenz von Beauvais: *Haec historia licet inter apocrifas scripturas reputeretur, pia tamen videtur esse ad credendum et credentibus vtilis ad legendum, ... Caeterum, quod beata virgo assumpta sit in caelum corporaliter, vt praedicta historia refert, Ecclesia quidem non asserit.*

[75] Marienlexikon III, 1991, S. 203 (A. MASSER).

[76] Verfasserlexikon Bd. 5, Berlin 1985, Sp. 199–202 (Werner FECHTER), als Textausgabe: Konrad von Heimesfurth „Unser vrouwen hinvart“ und „Diu urstende“. Mit Verwendung der Vorarbeiten von Werner Fechter herausgegeben von Kurt GÄRTNER und Werner J. HOFFMANN. Tübingen 1989.

[77] Verfasserlexikon Bd. 7, Berlin 1989, Sp. 588–597 (Kurt GÄRTNER); als Ausgabe: Heinrich RÜCKERT, Bruder Philipps des Carthäusers Marienleben, zum ersten Male herausgegeben ... Stuttgart 1853 als XXXIV. Bd. der „Bibliothek der Deutschen National-Litteratur“. Neudruck Amsterdam 1966. – Die frühesten der – im übrigen erstaunlich zahlreichen – Handschriften sind datiert mit 1324 und 1338.

[78] Zu Israhel von Meckenem (Meckenem bei Bonn): Ulrich THIEME – Felix BECKER, Allgemeines Lexikon der Bildenden Künstler, Bd. XXIV, Leipzig 1930, hg. von Hans VOLLMER, S. 325f. (Max GEISBERG).

[79] Vgl. zu Weihwasser und Weihrauch eben auch im Sterberitual die Beispielsfülle mittelalterlicher Riten auf Grund der festen Überzeugung jener

Jahrhunderte und (nicht nur, aber besonders im alpinen Volksglauben) auch noch heute, daß vom Weihwasser und dem Weihrauch „übernatürliche Kräfte" ausgehen, an denen der Sterbende Anteil bekommen solle. Dazu: Adolph FRANZ, Die kirchlichen Benediktionen im Mittelalter. 2 Bde. Freiburg i. B. 1909, Neudruck Graz 1960; besonders: Bd. I, S. 43–220 (Weihwasser), Bd. II, S. 422–434 (Weihrauch) et passim.

[80] Konrad SCHREINER, Antijudaismus in Marienbildern des späten Mittelalters. Sammelwerk: Das Medium Bild in historischen Ausstellungen. Zur Sektion 6 des 41. Deutschen Historikertages in München 1996, Haus der Bayerischen Geschichte. Augsburg 1998, S. 9–34, bes. Abb. 11 auf S. 19. Zu dieser Thematik vgl. auch: Peter Michael SPANGENBERG, Judenfeindlichkeit in altfranzösischen Marienmirakeln. Stereotypen oder Symptome der Veränderung kollektiver Selbsterfahrung. In: Rainer ERB (Hg.), Die Legende vom Ritualmord. Zur Geschichte der Blutbeschuldigung gegen Juden. Berlin 1993, S. 157–177.

[81] Konrad SCHREINER (s. Anm. 80), S. 13: The Brailes Hours. In: The British Library, London, Ms. Add 49.998.

[82] DERSELBE, Der Tod Marias als Inbegriff christlichen Sterbens. Sterbekunst im Spiegel mittelalterlicher Legendenbildung. Sammelwerk: Arno BORST (Hg.) Der Tod im Mittelalter. (Konstanzer Bibliothek 20). Konstanz 1993, 2. Auflage 1995, S. 261–312.

[83] DERSELBE, (Anm. 80), S. 15, Abb. 7.

[84] DERSELBE, Maria. Jungfrau, Mutter, Herrscherin. München–Wien 1994; als dtv-Nr. 4707 München 1994, Abb. auf S. 486 und S. 487. Das Hans-Holbein-Bild in Farben S. 282 (Anm. 82). Dabei soll nicht übersehen sein, daß Godehard SCHÄFER 1855 in seine Übersetzung des Malerhandbuches sehr wohl in die Anmerkungen zum § 394 sehr breit, wenn auch *en petit* seine Kenntnisse der Überlieferungen zu Tod, Begräbnis und Himmelfahrt Mariae aus der *Legenda aurea* des Jacobus (nicht Joannes, wie dort irrtümlich gedruckt wurde) de Voragine eingefügt hat (s. Anm. 4 S. 279–284). Auch seine Umschau auf Bildwerke zu Nürnberg (Nordportal der Sebalduskirche), Amiens, Senlis (Haupttor der Kathedrale), Athos (Fresko in der Megistee Lawra), Trier (Elfenbeintafel in der Liebfrauenkirche), Reims, Saint Denis usw. ist mitgeteilt.

[85] Vgl. (in Auswahl): V. DJURIĆ, Sopoćani. Belgrad 1963; Svetozar RADOJČIĆ, Staro srpsko slikarstvo. Belgrad 1966, S. 55–69; DERSELBE, Geschichte der serbischen Kunst von den Anfängen bis zum Ende des Mittelalters. (Grundriß der slavischen Philologie und Kunst, Bd. 16), Berlin 1969, SW-Abb. 21. Die weitaus eindrucksvollsten Farbbilder (Totale und 4 Details) bringen: Paul Johannes MÜLLER (Text) – Miodrag DJORDJEVIĆ (79 Farbbilder) im Werke: Gotteslob und Königsruhm. Die faszinierende Bilderwelt der jugoslawischen Fresken. Freiburg–Basel–Wien 1986, S. 76–82. Der „Marientod", Fresko um 1265. Einen Teil der darüber gemalten Szene der „Aufnahme in den Himmel" bietet eine wesentlich schlechtere Farbwiedergabe auf einer Bildtafel zwischen den Seiten 432 und 433 des Bandes 7 der Enciklopedija Jugoslavije, kroatische Ausgabe Zagreb (Agram) 1968.

[86] Nun soll man nicht meinen, das Fehlen des „Palmzweiges" und seine Funktion und „Wunder"-Wirkung nach dem Frevel an der Bahre der Gottes-

mutter sei eine Unkenntnis dieser Traditionen auf dem Fresko zu Sopoćani um 1265. Im Gegenteil: die volle Kenntnis der gesamten Apokryphe um dieses *brabeion/vravium,* auf serbisch *rajska grana* (Paradieseszweig), wird dem serbischen Volke in unserer Zeit ausführlich dargeboten zum 15. VIII. von Justin Sp. Popović („Archimandrit und ehedem Professor an der Universität") im zwölfbändigen Kalender- und Legendenwerke *Žitija svetih* (Lebensläufe der Heiligen). Augustband, VIII, S. 235–273. Nicht nur die uns geläufige Apokryphe wird erzählt mit allen ihren Einzelheiten (Vorbereitung auf den Tod und das Begräbnis; Ankunft der Apostel; Frevel des „jüdischen Priesters" der hier Atonij heißt; Strafwunder, Bekehrung und Rettung dieses Atonij, „Wunderkraft" des Palmzweiges; Grablege und Ankunft Christi usw. Zu dieser allgemeinen „Erzählung" (ohne daß der Name des Verfassers der Quelle, der „Apologet des 2. Jh.s Meliton, Bischof von Sardes" etwa als „Pseudo" abgewertet würde) gibt Justin Sp. Popović im Anmerkungsteil viele theologisch-kirchen- und kulthistorische Angaben nach mancherlei hagiographischen Quellen, etwa daß dieser Marientod als *uspenije* erfolgt sei im 69. Jahre ihres Lebens, im 55. Jahre nach Christi Geburt, im 22. Jahre nach seiner Himmelfahrt (serb. *vasnesenje Gospoda*). Zahlreiche Bezüge auf die Hl. Schrift des Alten wie des Neuen Testamentes werden einbezogen, auch auf andere Heilige des orthodoxen Kalenders (μηνολόγιον, μηναῖον) wird verwiesen. Etwa zehn Abbildungen werden beigegeben, so z. B. das *Uspenije* (auch *uznúće*), also die *assumptio* Mariens in Ohrid (Sv. Kliment, 14. Jh.); aus Rußland, Nowgoroder Schule. 13. Jh.; zwei Holzschnitte, einer davon aus dem *Prazničin minej* (Feiertags-Menäon) des Božidar Vuković, 1538; auf keiner Abb. ist jedoch ein „Palmzweig" abgebildet. Als eine auch im Serbischen tradierte Einzelheit sei hier vermerkt: als Maria nach dem Engelsbesuch mit seiner Palmzweig-Übergabe als Vor-Ankündigung ihres Hinscheidens auf den Ölberg ging, um dort zu beten, da „verneigten sich die Palmen (*maslinova drveta*) vor ihr", als hätten sie „Seelen". Sie „neigten ihre Wipfel zu Boden, die Gottesmutter zu verehren". „Wie Diener gehorchten die Bäume der Gottesmutter", sie zu „verehren". Gerade dieses Kleinmotiv findet sich unter den Fresken zu Sv. Kliment in Ohrid (Makedonien) als Wandbild des 14. Jh.s. – Es ist meinerseits geplant, diese apokryphen Traditionen innerhalb der serbisch-theologischen Hagiographie wie in der Literatur und der Volksüberlieferung gesondert zu untersuchen. Dafür böte sich in dieser Studie jetzt kein ausreichender Raum.

[87] Hier verlohnt sich der Hinweis auf die Dominanz unseres Palmzweig-Motivs etwa in der französischen Buchmalerei um die Mitte des 15. Jh.s im „Stundenbuch des Etienne Chevalier" von Jean Fouquet um 1452 bis 1460. Eine SW-Abb. Nr. 719, Himmelfahrt Marias: Die wiedererweckte Gottesmutter in dunklem Gewande mit gefalteten Händen hoch über ihrer nun leeren steinernen Grabkufe, von Engelschören und Heiligen betend verehrt, indes um die Grabkufe die Apostel stehen, ihre Blicke zur *assumpta* erhoben. Im Vordergrunde links eben Johannes, bartlos und im Prunkmantel, einen auffallend großen „Palmzweig" in seinen Händen. Siehe: Gertrud Schiller, Ikonographie der christlichen Kunst, Band 4, 2, Maria. Gütersloh 1980, S. 409.

[88] Eine Ausnahme ebenda bei Gertrud Schiller, Bd. 4, 2, Maria, bes. S. 87.

[89] Friederike Tschochner, Marienlexikon, Bd. 5 St. Odilien 1993, S. 73f.

[90] Lukas MADERSBACHER, Zu einer vergessenen Marientod-Tafel in der National Gallery in London (Österreichische Zeitschrift für Kunst und Denkmalpflege, Jgg. XLIX, Wien 1995, S. 21–28).

[91] C. R. POST, A History of Spanish Painting. (Spanish Painting Bd. 3, Cambridge [Mass.] 1930, S. 89).

[92] R. SALVINI, Un altare della Pusteria e il suo posto nella storia dell' arte atesina. (Le Arti 3/2, Bozen 1940/41, S. 107–116, bes. S. 113ff.).

[93] Nicolo RASMO, Nuove acquisizioni alla conoscenza dell' arte medioevale dell' Alto Adige. (Cultura atesina 4, Bozen 1950, S. 134).

[94] Leopold KRETZENBACHER, „Anbinden" als Kultidee und als Devotionalform. (Bayerisches Jahrbuch für Volkskunde 1976/77. In memoriam Rudolf Kriss). Volkach vor Würzburg 1978, S. 150–156, bes. S. 153 und Abb. 3: Kupferstich des 18. Jh.s, ohne Stechernamen, als Andachtsbild im Steirischen Volkskundemuseum zu Graz.

[95] Man denke an den erstaunlichen Reichtum an Bildern und bestens mit Literaturhinweisen versehenen wissenschaftlichen Kommentaren einer Vielzahl von Kunsthistorikern im umfangreichen Begleitbande der Ausstellung „Michael Pacher und sein Kreis. Ein Tiroler Künstler der Spätgotik 1498–1998", Augustiner Chorherrenstift Neustift, 25. Juli bis 31. Oktober 1998. Hg. vom Ausstellungsleiter Artur ROSENAUER. Dort z. B. das polychromierte Schnitzwerk eines Marientodes „um 1435" aus der Ursulinenkirche zu Bruneck/Südtirol, Farbbild auf S. 108: die im Knien sterbende Gottesmutter, von Johannes gestützt (ohne Palmzweig im Bildwerke); Petrus als das Weihrauchfaß Schwingender; ein anderer Apostel mit Weihwasserkessel und Sprengwedel über der Sterbenden; drei weitere Apostel mit großen gedrehten Wachskerzen.

[96] DEHIO-Handbuch, Die Kunstdenkmäler Österreichs, Kärnten, Wien 1976, S. 597f.

[97] Otto DEMUS, Neuentdeckte Wand- und Deckenmalereien in Kärnten. (Die Denkmalpflege. Zeitschrift für Denkmalpflege und Heimatschutz. 5. Jgg., Wien – Berlin 1931, S. 61–70, bes. S. 68)

[98] Walter FRODL, Die gotische Wandmalerei in Kärnten. Klagenfurt 1944, S. 82 und S. 96.

[99] Konstantin TISCHENDORF, Apocalypses apocryphae (s. Anm. 16), Neudruck 1966, S. 126.

[100] Adolph FRANZ, Die kirchlichen Benediktionen im Mittelalter, Freiburg i. B. 1909, Graz 1960 (s. Anm. 79), Bd. I, S. 86–109 (Das Weihwasser der lateinischen Kirche im Kult und im Volksgebrauch).

[101] Freundliche Briefmitteilung (6. X. 1998) von Frau Landeskonservator (für Kärnten) i. R. Wirkl. Hofrat Dr. Elisabeth REICHMANN-ENDRES, Viktring bei Klagenfurt. Dankbar für vielerlei Wissenschaftshilfe in Fragen mittelalterlicher Kunst in Kärnten und im übrigen Alt-Innerösterreich sei diese Studie Frau Hofrat Elisabeth Reichmann-Endres zugeeignet.

Abb. 1: Κοίμησις-Ikone (20. Jh.) in der Hagios Dimitrios-Kathedrale zu Saloniki.

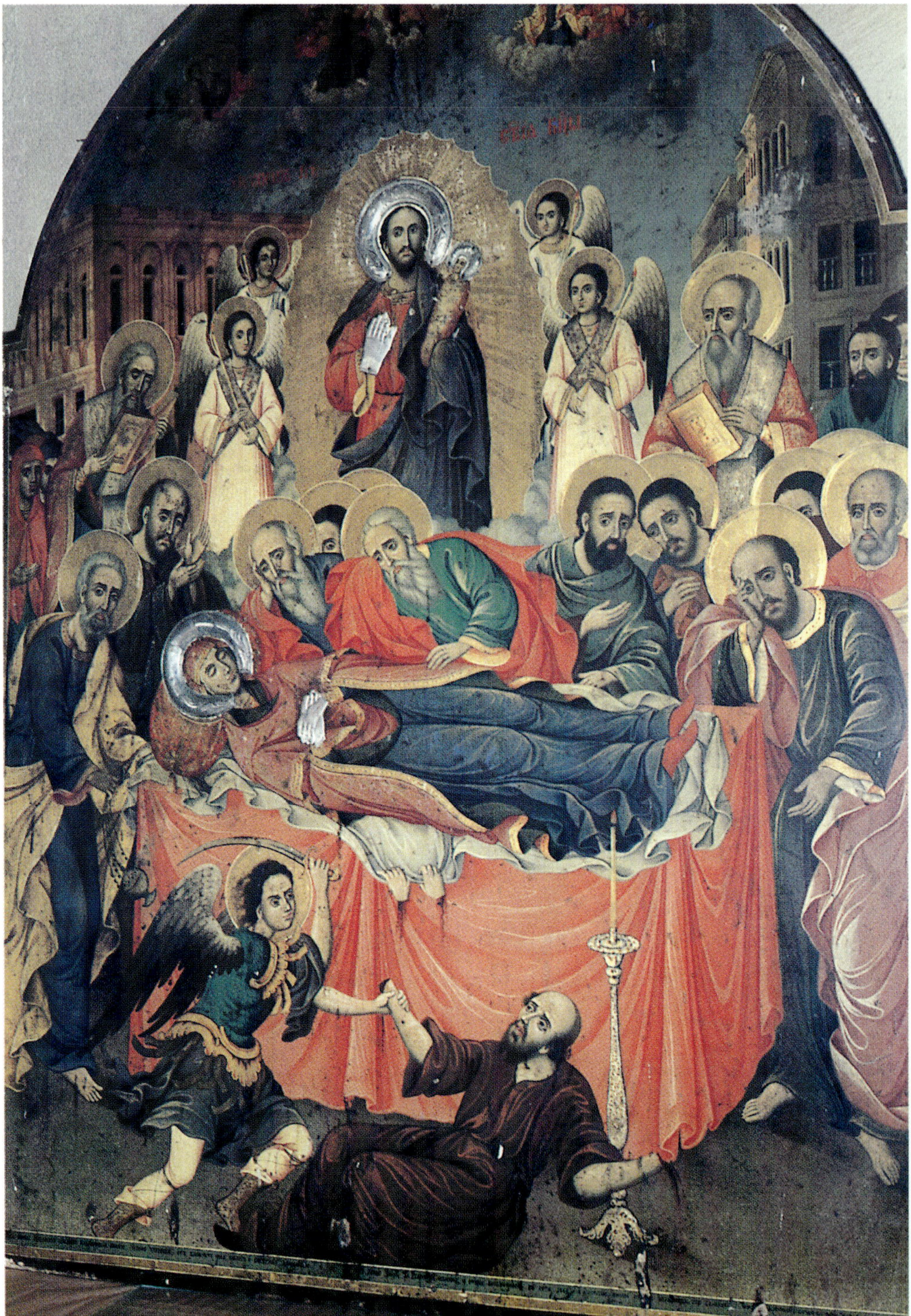

Abb. 2: Griechische Ikone: „Tod Mariens" mit der Aufnahme ihrer „Seele" durch Christus in den Himmel.

Abb. 3: Elfenbein-Relief des „Marientodes“, nordfranzösisch, um 1280.

Abb. 4: Duccio di Buoninsegna: Die Todesverkündigung an Maria durch den Engel mit dem „Palmzweig"-Sinnzeichen.

Abb. 5: Duccio di Buoninsegna: Die Gottesmutter entschläft inmitten der Apostel.

Abb. 6: Konrad von Soest: „Marientod"-Gemälde um 1420 für die Marienkirche von Dortmund.

Abb. 7: Detail vom „Marientod“ des Konrad von Soest zu Dortmund um 1420.

Abb. 8: Israhel von Meckenem, Kupferstich des „Marientodes“.

Abb. 9: Südtiroler „Marientod"-Tafel um 1420/30.

Abb. 10: St. Peter im Holz, Kärnten: Außenwandmalerei eines „Marientodes" um 1470.

VERZEICHNIS DER ABBILDUNGEN

LEOPOLD KRETZENBACHER

Geboren 1912 in Leibnitz; Studium der Germanistik, Klassischen Philologie und Sprachwissenschaft an der Universität Graz; 1936 Promotion zum Dr. phil.; Studium der Slawistik, Balkanologie, Altertumskunde, 1939 Dr. phil. habil.; 1984 Dr. jur.h.c.; ab 1938 wissenschaftlicher Dienst am Steirischen Volkskundemuseum in Graz; ab 1961 Lehrbeauftragter an der Universität Kiel; ab 1966 Professor der Deutschen und Vergleichenden Volkskunde an der Universität München; Emeritierung 1978; ordentliches Mitglied der Bayerischen Akademie der Wissenschaften, Ehrenmitglied der Kungl. Gustav Adolfs Akademie Uppsala, korrespondierendes Mitglied der Slowenischen Akademie der Wissenschaften, active Member der New York Academy of Sciences.